"十二五"职业教育国家规划教材

经全国职业教育教材审定委员会审定

Daolu Gongcheng Dizhi

道路工程地质

（第二版）

罗筠 主编

赵明阶[重庆交通大学]
喻 红[广东省工程勘察院] 主审

人民交通出版社股份有限公司
China Communications Press Co.,Ltd.

内容提要

本书为"十二五"职业教育国家规划教材。全书内容分为道路工程地质现象的认识、道路工程地质知识的应用、道路工程地质病害的治理3个部分，下设多个学习任务，在每一个学习任务后均附有"本任务小结"和"思考题"。

本书主要供高等职业院校道路桥梁工程技术专业学生使用，也可作为路桥类工程技术人员的培训教材或自学用书。

本书配套多媒体课件，可通过加入职教路桥教学研讨群（QQ：561416324）索取。

图书在版编目（CIP）数据

道路工程地质 / 罗筠主编. —2版. —北京：人民交通出版社股份有限公司，2016.1

"十二五"职业教育国家规划教材

ISBN 978-7-114-12291-0

Ⅰ.①道… Ⅱ.①罗… Ⅲ.①道路工程—工程地质—高等职业教育—教材 Ⅳ.①U412.22

中国版本图书馆CIP数据核字（2015）第124675号

"十二五"职业教育国家规划教材

书　　名：	道路工程地质（第二版）
著 作 者：	罗　筠
责任编辑：	刘　倩
出版发行：	人民交通出版社股份有限公司
地　　址：	（100011）北京市朝阳区安定门外外馆斜街3号
网　　址：	http://www.ccpcl.com.cn
销售电话：	（010）59757973
总 经 销：	人民交通出版社股份有限公司发行部
经　　销：	各地新华书店
印　　刷：	北京虎彩文化传播有限公司
开　　本：	787×1092　1/16
印　　张：	12
字　　数：	280千
版　　次：	2011年4月　第1版
	2015年8月　第2版
印　　次：	2024年6月　第2版　第7次印刷　总计第10次印刷
书　　号：	ISBN 978-7-114-12291-0
定　　价：	30.00元

（有印刷、装订质量问题的图书由本公司负责调换）

第二版前言

根据2013年8月教育部《关于"十二五"职业教育国家规划教材选题立项的函》[教职成司函（2013）184号]，本教材获得"十二五"职业教育国家规划教材选题立项。

本教材编写人员在认真学习领会《教育部关于"十二五"职业教育教材建设的若干意见》（教职成[2012]9号）、《高等职业学校专业教学标准（试行）》、《关于开展"十二五"职业教育国家规划教材选题立项工作的通知》（教职成司函[2012]237号）等有关文件的基础上，结合当前高等职业教育发展和公路行业发展的实际情况，对第一版做了全面修订，形成了本教材第二版。

本次教材修改主要作了以下调整：

1. 将"第1部分　道路工程地质现象的认识"中的"学习任务3"增加了"3.1第四纪地质"，"学习任务4"增加了"4.1地表水"。

2. 删减了本教材第一版中的"水毁与翻浆"、"地震"、"岩石工程性质"等相关内容。

3. 在大部分学习任务后面增加了"本任务小结"、"思考题"。

4. 其他章节修改则以内容顺序调整和完善，以及个别语句和文字的修改为主。

通过本次再版，本教材内容力求少而精，与工程活动相关的知识更系统，重点更突出，概念更加准确，文字更加通顺。同时，编者在修订过程中，得到交通行业专家指点，对教材选用内容提出了宝贵的意见，在此向相关领导及专家表示衷心的感谢。

由于编者的水平有限，书中不妥之处在所难免，真诚地欢迎广大读者多提宝贵意见。

编　者
2015年4月

第一版前言

本书是高职高专工学结合、课程改革规划教材，是在各高等职业院校积极践行和创新先进职业教育理念，深入推进"校企合作，工学结合"人才培养模式的大背景下，由交通职业教育教学指导委员会路桥工程专业指导委员会根据新的课程标准编写而成。

工程地质是讲解调查、解决与各类工程建筑物的勘测、设计、施工和使用等有关地质问题的一门课程。工程地质涉及面很广，包括道路工程、铁路工程、土木工程、地下工程、水利工程等。本教材主要针对道路工程，故定名"道路工程地质"。

在课程的设计上，本教材以实际工作任务为引领，以道路建设中处理地质问题的能力为主线，贯穿课程的始终。本教材将道路工程地质项目分解为：道路工程地质现象的认识、道路工程地质知识的应用、道路工程地质病害的治理三个学习情境，目的是让学生掌握每一阶段地质知识的应用过程。每一个学习情境都有关于地质知识的介绍，但不是简单的重复，而是知识的不断提升。

本教材学习情境一的工作任务一至四、学习情境二的工作任务二和工作任务四由贵州交通职业技术学院罗筠编写，学习情境一的工作任务五由湖北交通职业技术学院的熊文林和贵州交通职业技术学院的罗筠共同编写，学习情境二的工作任务一由辽宁交通高等专科学校的李晶编写，学习情境二的工作任务三由李晶和罗筠共同编写，学习情境三由熊文林编写。

本教材主要供高等职业院校道路桥梁工程技术专业学生使用，也可作为路桥类工程技术人员的培训教材或自学用书。

编　　者

2010 年 5 月

目录

第1部分 道路工程地质现象的认识 ... 1

学习任务1 认识矿物与岩石 ... 3
1.1 地壳与地质作用 ... 3
1.2 矿物 ... 10
1.3 岩石 ... 18
本任务小结 ... 32
思考题 ... 32

学习任务2 认识地层与地质构造 ... 33
2.1 地层 ... 33
2.2 地质构造 ... 37
本任务小结 ... 45
思考题 ... 45

学习任务3 认识地貌 ... 45
3.1 第四纪地质 ... 45
3.2 地貌学的特征 ... 48
本任务小结 ... 63
思考题 ... 63

学习任务4 认识地下水 ... 63
4.1 地表水 ... 63

4.2 地下水的基本概念 65
    本任务小结 73
    思考题 73

  学习任务5 认识道路工程地质病害现象 73
    5.1 崩塌、滑坡 73
    5.2 泥石流与岩溶 82
    本任务小结 88

第2部分 道路工程地质知识的应用 89

  学习任务1 工程地质勘察 90
    1.1 道路工程地质勘察概述 90
    1.2 道路工程地质勘察 95
    本任务小结 103
    思考题 104

  学习任务2 识读工程地质图 104
    2.1 地质图 104
    2.2 地质图识读 113
    本任务小结 118
    思考题 118

  学习任务3 道路工程地质勘察报告书与图表的编制 118
    3.1 工程地质勘察报告书概述 118
    3.2 工程地质报告书的编写 120
    本任务小结 131
    思考题 131

第3部分 道路工程地质病害的治理 132

  学习任务1 常见道路地质病害的防护与治理 133
    1.1 崩塌防治 133
    1.2 滑坡防治 138
    1.3 泥石流防治 145

1.4 岩溶防治 148

本任务小结 154

思考题 154

学习任务 2 主要特殊性岩土的处治 154

2.1 软土 154

2.2 黄土 159

2.3 膨胀土 163

2.4 冻土 169

2.5 盐渍土 173

本任务小结 177

思考题 177

参考文献 178

第 1 部分　道路工程地质现象的认识

学习目标

1. 知道地壳的物质组成、地质作用与风化作用；
2. 知道常见岩石、矿物的物理性质，能进行判别；
3. 知道地质年代、岩层产状，能识别地质构造现象；
4. 知道常见的地貌类型，并能掌握地貌类型与道路工程的关系；
5. 知道常见的道路地质病害类型，并能掌握其产生的条件。

学习任务

1. 认识常见岩石、矿物；
2. 了解地质构造对公路工程的影响；
3. 了解地貌类型与道路工程的关系；
4. 认识地下水；
5. 认识常见道路地质病害产生的条件。

学习指南

　　研究道路工程地质的目的在于查明道路建筑场地的地质条件，分析、预测和评价可能存在和发生的工程地质问题，提出防治不良地质现象的措施。为保证道路工程建设的合理规划以及建筑物的正确设计、顺利施工和正常使用，就要分析和预测在自然条件和工程建筑活动中可能发生的各种地质作用和工程地质问题，例如滑坡、泥石流，以及诱发地基沉陷、人工边坡和地下洞室围岩的变形，因破坏、开采地下水引起的大面积地面沉降等。

　　道路工程地质的主要任务是调查道路地区的工程地质条件，分析存在的工程地质问题，选择地质条件较好的建筑场地；对选择的场地做出工程地质评价；改造地质环境，进行工程地质处理，提高岩土体的稳定性，保护环境。

　　要完成这项任务，工程地质工作人员必须到工作区现场进行调查和观察，把工作区的地质情况记录下来，以便做出评价和处理。因此，工程地质人员首先应认识各种地质现象。

本部分学习内容基于道路工程地质的工作过程，分为5个学习任务，其中包括两个技能训练，目的是让学生认识各种地质现象。因此，每个学生应沿着如下流程进行学习：

① 认知地壳、地质作用、风化作用
② 认识矿物与岩石
③ 熟悉地质年代、岩层产状
④ 认识地质构造现象
⑤ 认识地貌类型及特征
⑥ 认识地下水
⑦ 认识不良地质现象

 学习方法建议

采用"教、学、做"一体化，结合案例教学法，利用实物标本、模型及相关多媒体资源和教师的讲解，并结合某条道路野外地质勘察记录的成果样本，使学生能认识常见地质现象，从而为野外地质勘察打下基础。

 检查与评价

1. 造岩矿物标本肉眼鉴定记录表；
2. 岩浆岩标本肉眼鉴定记录表；
3. 沉积岩标本肉眼鉴定记录表；
4. 变质岩标本肉眼鉴定记录表；
5. 地质构造对公路工程影响的案例分析报告；
6. 分析地貌类型与道路工程关系的报告；
7. 收集资料，总结关于常见道路地质病害的报告。

学习资料

1. 教材与案例；
2. 相关教学模型；
3. 岩石、矿物标本；
4. 《公路工程地质》国家精品课程网站的图片、课件、动画等相关教学资源（http://www.gzctc.edu.cn/jpkc/lqgc/index.asp）。

学习任务 1　认识矿物与岩石

1.1　地壳与地质作用

1.1.1　道路工程地质基本概念

1）什么是工程地质

工程地质是调查、研究、解决与人类活动及各类工程建筑有关的地质问题的科学。调查、研究工程地质的目的是为了查明各类工程场区的地质条件，对场区及其有关的各种地质问题进行综合评价，分析、预测在工程建筑作用下，地质条件可能出现的变化和作用，选择最优场地，并提出解决不良地质问题的工程措施，为保证工程的合理设计、顺利施工及正常使用提供可靠的科学依据。

2）道路工程地质的具体任务

（1）评价工程地质条件，选定适宜的道路选线方案，保证设计、施工、使用的顺利进行。

（2）从地质条件与道路工程建筑相互作用的角度出发，论证和预测有关道路工程地质问题发生的可能性以及发生的规模和发展趋势。

（3）提出改善、防治或利用有关道路工程地质条件的措施，制订加固岩土体和防治地下水的方案。

（4）研究人类工程活动与地质环境之间的相互作用与影响。

3）工程地质条件

工程地质条件指工程建筑物所在地区地质环境各项因素的综合。

地层岩土的工程性质：包括成因、时代、岩性、产状、成岩作用特点、变质程度、风化特征、软弱夹层和接触带以及物理力学性质等。

地质构造：包括褶皱、断层、节理构造的分布和特征。

水文地质条件：包括地下水的成因、埋藏、分布、动态变化和化学成分等。

地表地质作用：主要包括滑坡、崩塌、岩溶、泥石流、河流冲刷、沉积和风化等。

地形地貌：地形是指地表高低起伏状况、山坡陡缓程度与沟谷宽窄及形态特征等；地貌是指地形形成的原因、过程和时代。它们都会影响建筑场地和线路的选择。

天然建筑材料：建筑材料的分布、类型、品质、开采条件、储量及运输条件等。

4）工程地质问题

已有的工程地质条件在工程建筑建设过程和建成运行期间会产生一些新的变化和发展，从而对工程建筑安全产生影响。

（1）地基稳定性问题：包括强度和变形两个方面。

（2）斜坡稳定性问题：人类工程活动，尤其是道路工程需开挖和填筑的人工边坡（路堑、路堤、堤坝、基坑等），其斜坡稳定对防止发生地质灾害及保证地基稳定十分重要。

斜坡地层岩性、地质构造特征是影响其稳定性的物质基础，风化作用、地震、地下水和地表水等对斜坡软弱结构面的作用将破坏斜坡稳定，而地形地貌和气候条件是影响其稳定的重要因素。

（3）洞室围岩稳定性问题：地下洞室被包围于岩土体围岩中，在洞室开挖和建设过程中破坏了地下岩土体的原始平衡条件，便会出现一系列不稳定现象，常遇到的有围岩塌方、地下水涌水等。

1.1.2 地球的构造

地质学是研究地球的一门学科，工程地质学是研究工程建设与地质环境相互关系的学科。工程建设涉及的范围都只在地球表层，因此目前人类的工程活动都局限于地球内圈层最上的一个圈层——地壳。地球表面照片如图1-1-1所示。

按组成地球物质形态的不同，可将地球划分为外圈层和内圈层。其外圈层包括大气圈、水圈、生物圈；内圈层包括地壳、地幔和地核（图1-1-2）。

图1-1-1 地球表面

图1-1-2 地球内部构造示意图

1）地球内圈层

（1）地壳。地壳是地球内层圈中的最外层，是地球内圈层最外部的一层薄壳，约占地球体积的0.8%。地壳由坚硬的岩层和岩层风化后所形成的上层组成。组成地壳的物质主要是地球中比较轻的硅镁和硅铝等物质。地壳的下表面是莫霍面，地壳最薄处约为1.6km（在海底海沟沟底处），海底部分厚6~10km。

①地壳的表面形态。地球表面分为海洋和陆地两部分，海洋面积约占地球表面积70.8%，陆地面积约占地球表面积的29.2%。陆地平均高出海平面0.86km，海底平均低于海平面3.9km，地球内部构造示意图如图1-1-2所示。

地壳表面起伏不平，有高山、丘陵、平原、湖盆地和海盆地等。世界上最高的山峰为珠穆朗玛峰，高8 844.43m；最深的海沟为马里亚纳海沟，深11 022m，两者高差在19km以上。这种千差万别、丰富多彩的地壳外貌是在各种内外地质作用下，经过漫长的地质历史发展演变而成的。

②地壳的组成。地壳是地球最表面的构造层，它占地球体积的0.8%。地壳主要是由

岩石组成，如图1-1-3所示，岩石是自然形成的矿物集合体，它构成了地壳及其以下的固体部分。根据其性质可分为大陆地壳和大洋地壳。

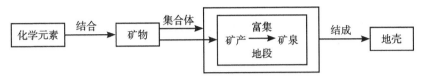

图1-1-3　地壳的组成

大陆地壳覆盖地球表面的45%，主要表现为大陆、大陆边缘海以及较小的浅海。地壳的化学组成以硅铬质为特点，可分为两大类岩石：一类是地壳上部的相对未变形的沉积岩或火山堆积，另一类是已经变形变质的沉积岩、火成岩和变质岩带，后者构成地球表面的山脉或地壳深部，前者多在地壳表层的盆地及其边缘。地壳可以随强烈的板块构造运动。

（2）地幔。自莫霍面以下至深度约2 900km的范围是地幔，地幔约占地球体积的83.3%，其上层主要由橄榄质超基性岩石组成，是高温熔融的岩浆发源地，也称软流层。

（3）地核。地幔以下为地核，地核又分为外地核、过渡层和内地核三层。地表以下2 900~4 642km的范围为外地核，主要由熔融状态的铁、镍混合物及少量硅、硫等轻元素组成。内地核厚约1 216km，成分是铁、镍等重金属物质，呈固体状态。位于外地核、内地核之间的过渡层厚约515km，物质状态为从液态过渡到固态。地核的总质量约占整个地球质量的31.5%，体积占16.2%。

2）地球外圈层（图1-1-4）

（1）大气圈。大气圈的总质量约为5 000多亿吨，其中氮气约占空气总体积的78%，氧气约占21%。地球的大气圈按距离地球表面由近至远被依次划分为对流层（厚16~18km）、平流层（约50km高空）、中间层（约85km高空）、热层（500~800km高空）和散逸层。风霜雨雪、云雾冰雹等变化多端的大气现象都发生在对流层内。

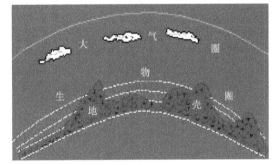

图1-1-4　地球外部构造示意图

（2）水圈。地球的水是由地球诞生初期弥漫在大气层中的水蒸气慢慢凝结形成的，总水量约为$1.4 \times 10^9 km^3$。水圈主要由海洋构成海洋水约占地球总水量的97.3%。陆地水以冰川水为主，分布在高山和地球两极地区，其余的陆地水分布在湖泊、江河、沼泽和地壳岩石体的空隙中。

（3）生物圈。地球上动物、植物和微生物所存在和活动的空间称为生物圈。

1.1.3　地质作用

地壳只是地球内圈层最外面的一层极薄的薄壳。在地球形成至今的漫长地质演变过程中，随着地球的转动和内、外圈层物质的运动，地表的形态、地壳的物质以及地层的形态都在不断发生着变化，这种变化是一直发生、永不停止的。我们把导致地壳物质成分及地表形状、岩层结构、构造发生变化的一切自然作用称为地质作用。

这些作用有些进行得剧烈而又迅速，较易为人们所觉察，但在更多的情况下，则进行得非常缓慢，很难为人们直接觉察。由地质作用引起的现象，称为地质现象。按地质作用力的来源不同，可将地质作用划分为内力地质作用和外力地质作用。

1）内力地质作用

由地球的旋转能和地球中的放射性物质在其衰减过程中释放出的热能所引起的地质作用，称为内力地质作用。大多数的地震以及岩浆活动、地壳运动和变质作用等都属内力地质作用现象。其总趋势是形成地壳表层的基本构造形态和地壳表面大的高低起伏。

内力地质作用主要表现为地壳运动、岩浆作用、变质作用和地震。

地壳运动是由地球内动力所引起的地壳岩石发生变形、变位（如弯曲、错断等）的机械运动。残留在岩层中的这些变形、变位现象叫作地质构造或构造形迹。地壳运动按其运动方向可以分为水平运动和垂直运动两种形式。内力地质作用的形式、说明及图例见表 1-1-1。

内力地质作用的形式、说明及图例 表 1-1-1

内力地质作用的形式		说明及图例
地壳运动	水平运动	指地壳或岩石圈块体沿水平方向移动，它使岩层产生褶皱、断裂，如我国的横断山、喜马拉雅山、天山、祁连山等均为褶皱山系
	垂直运动	指地壳或岩石圈相邻块体或同一块体的不同部分作差异性上升或下降，使某些地区上升，形成山岳、高原，使另一些地区下降，形成湖、海、盆地。如：喜马拉雅山上大量新生代早期海洋生物化石的存在，说明了五六千万年前，此处曾为汪洋大海，大约 2 500 万年前才开始从海底升起，至今，仍处于上升运动中
岩浆作用		指地壳内部的岩浆在地壳运动的影响下，向外部压力减小的方向移动，上升侵入地壳或喷出地面，冷却凝固成为岩石的全过程。如：2010 年 3 月，冰岛南部埃亚菲亚德拉冰盖冰川下艾雅法拉火山在沉寂了 190 多年后再度喷发，岩浆冲向 1 000m 高空处；资料表明，该火山从 2010 年 3 月上旬开始，发生了一系列的地震，地震造成地面不断抬升，火山附近的地面升高了至少 40mm，暗示了火山岩浆正在地面之下不断向上运动，最终导致本次火山喷发
变质作用		指由于地壳运动、岩浆作用等引起物理和化学条件发生变化，促使岩石在固体状态下改变其成分、结构和构造的作用。如：沉积岩中的石灰岩经过变质重结晶作用后，变质成为大理岩

续上表

内力地质作用的形式	说明及图例
地震	指由于地壳运动引起地球内部能量的长期积累，达到一定的限度而突然释放时，导致地壳在一定范围内快速颤动

2）外力地质作用

由太阳的辐射能和地球的重力位能（包括其他星体的引力作用）所引起的地质作用，称为外力地质作用。常见的外力地质作用有河流的地质作用、地下水的地质作用、冰川的地质作用、湖泊和沼泽的地质作用、风的地质作用和海洋的地质作用等。外力作用主要是破坏内力作用形成的地形或产物，总趋势是削高补低，形成新的沉积物，并进一步塑造了地表形态。

（1）风化作用：在温度变化、水的作用、大气及生物等的作用下，促使组成地壳表层岩石发生破碎、分解的一种破坏作用，称为风化作用。

（2）剥蚀作用：将岩石风化破坏的产物从原地剥离下来的作用称为剥蚀作用。它包括除风化作用以外所有的破坏作用，诸如河流、大气降水、地下水、海洋、湖泊以及风等的破坏。

（3）搬运作用：岩石经风化、剥蚀破坏后的产物，被流水、风、冰川等介质搬运到其他地方的作用，称为搬运作用。

（4）沉积作用：是指被搬运的物质，由于搬运介质的搬运能力减弱，并且搬运介质的物理化学条件发生变化，或者生物的作用，被搬运的物质从搬运介质中分离出来，形成沉积物的过程，称为沉积作用。

（5）成岩作用：沉积下来的各种松散堆积物，在一定条件下，由于压力增大、温度升高以及受到某些化学溶液的影响，发生压密、胶结及重结晶等物理化学过程，使之固结成为坚硬岩石的作用，称为成岩作用。

1.1.4 风化作用

在温度变化（太阳辐射）、气体（大气）、水和生物等因素的综合影响下，发生物理和化学的变化，促使组成地壳表层岩石发生破碎、分解，即上文所述风化作用。风化作用在地表最显著，随着深度的增加，其影响将逐渐减弱以至消失。

1）风化作用的实质

风化作用的实质是矿物、岩石在地表附近新的物理化学条件下所产生的演化过程。风化促使岩石的状态或性质发生了改变，并形成了一种与原来岩石的形态、构造、物质成分等完全不同的新物质。岩石遭受风化作用的时间愈长，岩石被破坏得就愈严重。风化作用使坚硬致密的岩石松散破坏，改变了岩石原有的矿物组成和化学成分，使岩石的强度和稳定性大为降低，对工程建筑条件具有不良的影响。如滑坡崩塌、碎落、岩堆及泥石流等不良地质现象，大部分是在风化作用的基础上逐渐形成和发展起来的。

不同岩石的风化速度并不一样，有的岩石风化过程进行得很缓慢，其风化特征只有经过长期暴露于地表以后才能显示出来，而有的岩石则相反，我们称其为差异风化（图1-1-5）。如泥岩、页岩及某些片岩等，当基坑开挖后不久，很快就风化破碎，所以在施工中必须对其采取相应的工程防护措施。

2）风化作用和与工程活动的关系

（1）不宜将建筑物设置在风化严重的岩层上，如果不能完全避开风化岩层时，应注意加强工程防护。如隧道穿过易风化的岩层，在隧道施工开挖后，要及时做支护，防止岩石继续风化失稳，增加山体压力，引起坍塌。

（2）风化岩层中的路堑边坡不宜太陡，同时还要采取防护措施。

（3）风化的岩石不宜作建筑材料。

因此，从工程建筑的角度来研究岩石的风化特性、分布规律，对合理选择建筑物的位置（如隧道的进出口位置等）、路堑边坡坡度、隧道的支护方法及衬砌厚度、大型建筑物的地基承载力和开挖深度，以及合理选择施工方法等有着重要的意义。

图1-1-5　石英岩与页岩的差异风化

3）风化作用的类型

根据岩石风化的自然因素和风化的性质，将风化作用分为物理风化（机械风化）作用、化学风化作用、生物风化作用。

（1）物理风化（机械风化）作用：物理风化是只改变岩石的完整性或改变已碎裂的岩石颗粒大小和形状，而未能产生新矿物的风化作用。

这类风化作用类型主要有胀缩作用、冰劈作用、膨胀崩解，见表1-1-2。

物理风化作用类型及图例　　　　　　　　　　　表1-1-2

类　型	说明及图例	
胀缩作用	基岩在反复的胀缩循环（主要是温度的变化，如四季温度差异以及早晚的温差等）中发生碎裂	
冰劈作用	岩石中存在的细微裂隙，当水分进入后，在低温时形成冰楔体沿裂缝两侧挤压岩石，或与岩石中的物质反应形成结晶膨胀体挤压岩石，使岩石中原有的裂缝加宽、增长，为更多水分进入岩体内部创造了条件，逐步使岩石风化崩解	
膨胀崩解	上覆岩石不断被风化剥蚀，使原来处于地层深处的岩体距地表面越来越近，上覆重力越来越小，在重力卸荷作用下，岩体会产生明显上弹（膨胀），严重时就会产生卸荷裂隙	

(2) 化学风化作用：它是指一切改变岩石中原有矿物成分的风化作用。生物生长中的新陈代谢、生物腐蚀，水引起的矿物溶解、再结晶、水化、水解以及大气引起的氧化、碳酸化、硫酸化等，均会使原有的岩石矿物成分发生改变，并产生新矿物。这类风化作用类型主要有氧化作用、溶解作用、水化作用和水解作用，见表1-1-3。

化学风化作用类型及说明　　　　　　　　　　　　　　　　　　　表1-1-3

类型	说　明
氧化作用	指空气和水中的游离氧使地表及其附近的矿物氧化，改变其化学成分，并形成新的矿物 （1）硫化物的氧化：$4FeS_2+14H_2O+15O_2 \rightarrow 2(Fe_2O_3 \cdot 3H_2O)+8H_2SO_4$ （2）磁铁矿氧化成赤铁矿：$4Fe_3O_4+O_2 \rightarrow 6Fe_2O_3$
溶解作用	自然界中的O_2、CO_2和一些酸、碱物质，具有较强的溶解能力，能溶解大多数矿物，如石灰岩地区由于溶解作用而形成的石林、溶洞等 （1）石灰岩和白云岩与CO_2、H_2O的作用：$CaCO_3+CO_2+H_2O \rightarrow Ca(HCO_3)_2$（重碳酸钙） （2）含硫酸的水的作用：$CaCO_3+H_2SO_4 \rightarrow CaSO_4+CO_2+H_2O$ （3）含碱质水的作用：$FeSO_4+K_2CO_3 \rightarrow FeCO_3+K_2SO_4$
水化作用和水解作用	（1）水化作用：有些矿物质能吸收一定量的水参加到矿物晶格中，形成含水分子的矿物，如 　　　　$CaSO_4$（硬石膏）$+2H_2O \rightarrow CaSO_4 \cdot 2H_2O$（石膏） （2）水解作用：弱酸强碱盐或强酸弱碱盐遇水分解成带不同电荷的离子，这些离子与水中的H^+和OH^-发生反应形成含OH^-的新矿物，矿物和岩石因此遭到破坏，如 　　　　$4KAlSi_3O_8+6H_2O \rightarrow Al_4Si_4O_{10}(OH)_4+8SiO_2+4KOH$ 　　　　　（钠长石）　　　　　　（高岭石）　　（石英）

(3) 生物风化作用：它是生物活动对岩石造成的物理或化学破坏作用，见表1-1-4。

生物风化作用类型及说明　　　　　　　　　　　　　　　　　　　表1-1-4

类型	说　明
生物物理风化作用	根劈作用：岩石的裂缝中除含有一定的水分外，还会充填入一定量的尘土，这样树木就可在其中生长，随着树木的成长，其根系也会不断壮大，并挤压岩石裂缝，使其扩大、增密，导致岩石产生风化，为风化向岩石内部发展创造了条件；生长在岩石裂隙中的植物根系的膨大对岩石的劈裂作用，是生物的机械作用，属于物理风化的范畴
生物化学风化作用	生物的新陈代谢作用：生物生长中的新陈代谢物、腐蚀物、分泌物对岩石的破坏作用及微生物对岩石的风化作用，属于化学风化作用的范畴

4) 影响风化作用的因素

(1) 岩石的矿物成分。岩石风化的本质是岩石中各种矿物成分的变质。岩石抗风化能力的强弱与它所含的矿物成分和数量有密切的关系，如表1-1-5所示。

矿物按风化的难易程度分类　　　　　　　表 1-1-5

序　号	矿物按风化的难易程度分	常见矿物
1	稳定性矿物	白云母、石英、石榴石等
2	较稳定性矿物	辉石、角闪石、黑云母、正长石等
3	不稳定性矿物	斜长石、橄榄石等

岩石中的不稳定性矿物含量越高，抗风化能力越低。相对而言，岩石成分均一的较难风化，成分复杂、矿物种类多的较易风化。

（2）岩性。岩性包括岩石的结构与构造、矿物颗粒大小与形状、孔隙率、吸水率、坚固性等物理力学性质。如果岩石为等粒结构、块状结构，其致密程度、坚硬程度越高，岩层厚度越大，越难风化，相反，疏松多孔容易风化。

（3）地质构造与岩体的结构性。地质构造对岩体的结构性有很大的影响，岩体的结构面越发育、裂隙越大、充填情况越差、渗透性越好，则越易风化。如图 1-1-6 所示，岩石表面的裂隙将加快岩石的风化。

（4）气候状况。气温高、雨量充足、湿度高、植物生长茂盛的我国南方地区以化学风化为主，温差大、雨量少、干燥、植被差、风力作用强烈的我国北方地区则以物理风化为主。

（5）地貌与地下水。地貌对岩石风化的影响与水、风、温差、地势以及基岩埋藏条件等多重因素有关，见表 1-1-6。

（6）其他因素。人类活动形成的环境污染等也会成为影响化学风化的重要因素。

图 1-1-6　岩石表面的裂隙

风化与各种因素的关系　　　　　　　表 1-1-6

各种因素 岩石风化	地势起伏高度	山坡朝向	地　下　水
以物理风化为主	高山区	背阳面	
以化学风化为主	低山丘陵以及平原区	朝阳面	溶解、溶蚀和再结晶

1.2　矿　　物

1.2.1　矿物的基本知识

矿物都是天然的，它们具有一定的化学成分，是原子的排列具有一定规则的晶体，是自然界中的化学元素在一定物理化学条件下形成的单质和化合物。

矿物是组成岩石的基本单位，世界上有 3 000 多种矿石，其中构成岩石的矿物有 30 余种，我们称此类矿物为造岩矿物。地壳中的矿物是通过各种地质作用形成的，它们除少数呈液态（如水银、石油、水等）和气态（如CO_2、H_2S、天然气等）外，绝大多数都呈固态（如石英、长石、云母等）。

一般情况下，可以根据矿物的定名大概知道它属于哪一类矿物，见表1-1-7。

矿物定名的一般规律　　　　　　　　　　　　表1-1-7

矿物类型	定名	举例
玻璃样光泽的矿物	某某石	如金刚石、方解石、萤石
具有金属光泽或能从中提炼出金属的矿物	某某矿	如黄铁矿、方铅矿
玉石类矿物	某某玉	如刚玉、硬玉、黄玉
硫酸盐矿物	某某矾	如胆矾、铅矾
地表上松散的矿物	某某华	如砷华、钨华

已经形成的矿物在不同环境中还会受到破坏或变成新的矿物，如阳光、风、水以及地质变化使矿物受到高温高压等，都可以使某些矿物分解，分解后的物质又可能在另外的环境中与其他物质再次形成新矿物。因此，自然界中的矿物按其成因可分为三大类型，见表1-1-8。

矿物的成因分类　　　　　　　　　　　　表1-1-8

矿物的类型	矿物形成的原因	举例
原生矿物	岩浆熔体经冷凝结晶所形成的矿物	如石英、长石等
次生矿物	原生矿物遭受化学风化形成的新矿物	如正长石经水解后形成的高岭石
变质矿物	已经形成的矿物在变质过程中形成的新矿物	如变质结晶片岩中的蓝晶石和十字石等

1.2.2 矿物的物理性质

1）颜色

颜色是由于矿物吸收可见光后产生的。根据产生的原因，矿物颜色可分为自色、他色和假色三种。

（1）自色：它是矿物自身所固有的颜色，如含二价铁的赤铁矿呈砖红色（图1-1-7）。

a)　　　　　　　　　　b)　　　　　　　　　　c)

图1-1-7　矿物固有的自色

a）磁铁矿呈铁黑色；b）赤铁矿呈砖红色；c）自然硫呈硫黄色

（2）他色：他色是矿物中混入了少量杂质所引起的。如石英是无色透明的（图1-1-8），其含碳时呈烟灰色，含锰时呈紫色，含铁时呈玫瑰色（图1-1-9）。

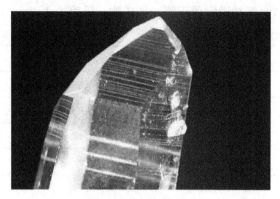

图1-1-8　无色透明的石英　　　　　　　　图1-1-9　玫瑰色石英

（3）假色：假色是矿物内部的裂隙或表面的氧化膜对光的折射、散射造成的。如：黄铜矿因表面氧化薄膜引起的假色——蓝、紫混杂的斑驳色彩；冰洲石内部的裂隙所引起的假色——红、蓝、绿、黄混杂的斑驳色彩（图1-1-10）。

2）条痕（粉末）色

条痕色是矿物在条痕板（白瓷板）上擦划后留下的痕迹（实际是矿物的粉末）的颜色。由于它消除了假色，降低了他色，因而比矿物颗粒的颜色更为固定，故可用来鉴定矿物。如黄铜矿与黄铁矿，外表颜色近似，但黄铜矿的条痕色为带绿的黑色，而黄铁矿的条痕色为黑色，据此可以区别它们。另外，同种矿物，有时可出现不同的颜色，如块状赤铁矿，有的为黑色，有的为红色，但它们的条痕色都是蟹红色（或鲜猪肝色），如图1-1-11所示。条痕色主要用于不透明矿物的鉴定，对透明矿物没有意义。

图1-1-10　冰洲石内部裂隙引起的假色　　　　图1-1-11　矿物颜色与条痕颜色对比

3）光泽

矿物的光泽是指矿物表面对可见光的反射能力。矿物的不同光泽见表1-1-9。

4）透明度

矿物允许可见光透过的程度，称为矿物的透明度。透明度的衡量是以0.03mm厚的矿物薄片为标准，通常在矿物碎片边缘观察。根据所见物体的清晰程度，可将矿物的透明度分为透明、半透明和不透明三种，见表1-1-10。

矿物的不同光泽　　　　　　表 1-1-9

序号	光泽	描述	举例
1	金属光泽	犹如一般的金属磨光面那样的光泽	如黄铁矿、方铅矿的光泽
2	半金属光泽	如同一般未经磨光的金属表面的那种光泽	如磁铁矿的光泽
3	金刚光泽	像钻石、金刚石所呈现的那种光泽	如金刚石、闪锌矿的光泽
4	玻璃光泽	像普通平板玻璃所呈现的那种光泽	如石英、方解石的光泽
5	油脂光泽	如同油脂面上见到的那种光泽	如石英断口的光泽
6	珍珠光泽	在解理面上看到那种像贝壳凹面上呈现的柔和而多彩的光泽	如白云母、滑石等
7	丝绢光泽	具有像蚕丝或丝织品那样的光泽	如石棉、纤维石膏等

矿物透明度分类　　　　　　表 1-1-10

矿物透明度	描述	图例
透明	隔着这种矿物薄片可以清晰地看到另一侧的物体的轮廓细节，如石英、长石、方解石等	
半透明	隔着这种矿物薄片能够看到另一侧有物体存在，但分辨不清轮廓，如辰砂、雄黄等	
不透明	矿物基本上不允许可见光透过，这样的矿物为不透明矿物，如磁铁矿、石墨等	

5）解理和断口

（1）解理：矿物晶体在外力作用下，沿着一定的结晶方向破裂成一系列光滑平面的性质，叫作解理。由于同种矿物的解理方向和完好程度总是相同的，性质很固定，因此，解理是鉴定宝石矿物的重要特征。

极完全解理：解理非常平滑，易裂开，如云母、石墨。

完全解理：解理光滑，易裂成薄层状，如方解石、长石，如图 1-1-12 所示。

（2）断口：具极不完全解理的矿物，它们受外力打击后，会发生无一定方向的破裂。

断口的发育程度与解理的完善程度呈互为消长的关系，解理完全者往往无断口，断口发育者常常无解理或具极不完全解理。

贝壳状断口：断口呈椭圆形的光滑曲面，和贝壳相似，如石英，见图 1-1-13。

锯齿状断口：断口呈尖锐锯齿状，如自然铜的断口。

纤维状断口：断口呈纤维丝状，如石棉的断口。

参差状断口：断口呈参差不平的形状，如磷灰石的断口。大多数矿物具此种断口。

图 1-1-12 方解石的解理

图 1-1-13 石英的断口

6）硬度

矿物的硬度是指矿物抵抗刻划、压入或研磨能力的大小。

国际摩氏硬度计用 10 种矿物来衡量世界上最硬的和最软的物体，见表 1-1-11。

摩氏硬度计　　　　　　　　　　　表 1-1-11

硬度	1	2	3	4	5	6	7	8	9	10
矿物名称	滑石	石膏	方解石	萤石	磷灰石	正长石	石英	黄玉	刚玉	金刚石

利用摩氏硬度计测定矿物硬度的方法很简单，将预测矿物与摩氏硬度计中的标准矿物互相刻划，相比较来确定预测矿物的硬度。如某一矿物能划动方解石，说明其硬度大于方解石，但又能被萤石所划动，说明其硬度小于萤石，则该矿物的硬度为 3~4；再如，黄铁矿能轻微刻伤正长石，但不能刻伤石英，而其本身却能被石英所刻伤，因此，黄铁矿的摩氏硬度为 6~6.5。

在野外，可用指甲（2~2.5）、小刀（5~5.5）、瓷器碎片（6~6.5）、石英（7）等进行粗略测定。在测矿物硬度时，必须在纯净、新鲜的单个矿物晶体（晶粒）上进行，因为风化、裂隙、杂质以及集合体方式等因素会影响矿物的硬度。风化后的矿物硬度一般会降低。有裂隙及杂质的存在，会影响矿物内部连接能力，也会使硬度降低。集合体如呈细粒状、土状、粉末状或纤维状，则很难精确确定单体的硬度。因此，测试矿物硬度要尽量在颗粒大的单体新鲜面上进行。

1.2.3 常见矿物的主要特征

1）石英（SiO_2）

其种类很多，如水晶、玛瑙、燧石（过去人们用燧石打火）、碧玉等都属于石英。南京盛产的雨花石其实也是石英的一种。

石英常常为粒状、块状或呈簇状（叫晶簇）。纯净的石英无色透明，像玻璃一样有光泽，但很多情况下石英中夹杂了其他物质，从而使其透明度降低并且有了颜色。如水晶有无色、紫色、黄色等。石英无解理，断口有油脂光泽，硬度为7，透明度较好，具有玻璃光泽，化学性质稳定，抗风化能力强，如图1-1-14所示。含石英越多的岩石，岩性越坚硬。

石英在现代有着广泛的用途，它们不仅是重要的光学材料，也常被用于电子技术领域，比如我们熟悉的光纤、电子石英钟等。石英更是制作玻璃的重要原料，不太纯的石英则多用于建筑。石英还可用来制作多种高级器皿、工艺美术品等。

石英是地下热液结晶的产物。有一种玛瑙叫水胆玛瑙，其外表就像一块石头，但是摇动它时可听见里面有水的声音，如果把它剖开来，里面果真会有水流出，其内部是空心的，除了水以外，其内部还生长着一簇簇的石英晶体。

2）正长石（$KAlSi_3O_8$）

其呈短柱状或厚板状，颜色为肉红色或黄褐色或近于白色，具有玻璃光泽，硬度为6，中等解理，易于风化，完全风化后形成高岭石、绢云母、铝土矿等次生矿物，如图1-1-15所示。正长石是制作陶瓷和玻璃的原料，色泽美丽的正长石还被人们当作宝石。

图1-1-14 石英

图1-1-15 正长石

3）云母

白云母[$KAl_2(AlSi_3O_{10})(OH)_2$]呈片状、鳞片状，无色透明，具有珍珠光泽，硬度在2~3，薄片有弹性，一组极完全解理，具有良好的电绝缘性，抗风化能力较强。其主要分布在变质岩中，如图1-1-16所示。

黑云母[$K(Mg,Fe)_3(AlSi_3O_{10})(OH,F)_2$]，颜色深黑，如图1-1-17所示。其性质与白云母相似，易风化，风化后可变成蛭石，薄片失去弹性。当岩石中含黑云母较多时，强度会降低。

4）橄榄石[$(Mg,Fe)_2SO_4$]

优质的橄榄石呈透明的橄榄绿或黄绿色，无条痕，具有玻璃光泽，硬度为6.5~7，无解理，断口呈贝壳状。普通橄榄石能耐1 500℃的高温，可以用作耐火砖。完全蛇纹石化的橄榄石通常用作装饰石料，如图1-1-18所示。

　　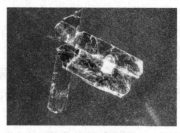　　

图 1-1-16　白云母　　　　　图 1-1-17　黑云母　　　　　图 1-1-18　橄榄石

5）方解石（$CaCO_3$）

方解石呈菱面体或六方柱，见图 1-1-19，无色或乳白色，具有玻璃光泽，硬度为 3，三组完全解理，与稀盐酸有起泡反应。方解石是组成石灰岩的主要成分，常用于制造水泥和石灰等建筑材料。

方解石的颜色因其中含有的杂质不同而异，如含铁锰时为浅黄、浅红、褐黑等颜色，但其一般多为白色或无色。无色透明的方解石也叫冰洲石，这样的方解石有一个奇妙的特点，就是透过它可以看到物体呈双重影像。因此，冰洲石是重要的光学材料。

方解石是石灰岩和大理岩的主要矿物成分，其在生产生活中有很多用途。我们知道，石灰岩可以形成溶洞，洞中的钟乳石、石笋、汉白玉等其实就是方解石构成的。

6）辉石 [$(Ca, Mg, Fe, Al)_2(Si, Al)_2O_6$]

辉石有 20 个品种，其中最为人们所熟悉的叫硬玉，俗称翡翠，是最名贵的宝石。硬玉的晶体细小而且紧密地结合在一起，因此非常坚硬。硬玉也是组成玉石的主要成分，缅甸以及我国西藏、云南等地是世界闻名的硬玉产地。

辉石（图 1-1-20）都具有玻璃光泽，颜色各异，从白色到灰色，从浅绿到黑绿，甚至褐色至黑色，这主要是由于含铁量不同。其含铁量越高，颜色越深，而含镁量多的辉石则呈古铜色。含铁量越高的辉石，其硬度也越高。

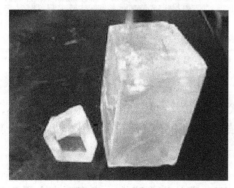　　　　　　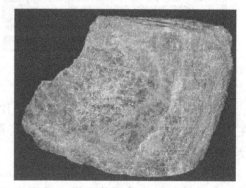

图 1-1-19　方解石　　　　　　　　　图 1-1-20　辉石

7）白云石 [$CaMg(CO_3)_2$]

白云石为菱面体，见图 1-1-21，集合体呈块状，灰白色，硬度为 3.5~4，遇稀盐酸时微弱起泡。

8）石膏 [$CaSO_4 \cdot 2H_2O$]

石膏集合体呈致密块状或纤维状，一般为白色，硬度为 2，具有玻璃光泽，一组完全解理，广泛用于建筑、医学等方面。如图1-1-22所示为透石膏，其为纯无色透明的晶体。

图1-1-21 白云石

图1-1-22 透石膏

9）滑石 $[Mg_3(Si_4O_{10})(OH)_2]$

滑石集合体呈致密块状，有白色、淡黄色、淡绿色，具有珍珠光泽，硬度为1，富有滑腻感，工业上常用作原料。其为富镁质超基性岩、白云岩等变质后形成的主要变质矿物，如图1-1-23所示。

10）黄铁矿（FeS_2）

黄铁矿为立方体，见图1-1-24，颜色为浅黄铜色，具有金属光泽和不规则断口，硬度为6，易风化，风化后生成硫酸和褐铁矿。其常见于岩浆岩和沉积岩的砂岩和石灰岩中。

11）赤铁矿（Fe_2O_3）

赤铁矿呈片状、鲕状、肾状、块状或土状等，见图1-1-25，主要颜色为红褐色，条痕均为樱红色，具有半金属光泽，硬度为5~6，无解理，参差状断口。赭石就是这种红色的土状赤铁矿，它可作为颜料使用。

图1-1-23 滑石

图1-1-24 黄铁矿

图1-1-25 赤铁矿

12）萤石（CaF_2）

萤石为立方体，见图1-1-26，通常呈黄、绿、蓝、紫等色，无色者少，具有玻璃光泽，硬度为4，四组完全解理，加热时或在紫外线照射下显荧光。萤石又称"氟石"，是制取氢氟酸的唯一矿物原料。

13）高岭石 $[Al_4Si_4O_{10}(OH)_8]$

高岭石呈致密块状、土状，颜色为白色，断口呈平坦状，潮湿后具可塑性，但无膨胀性。干燥时粘舌，易捏成粉末，可用于陶瓷原料、耐火材料和造纸工业等；优质高岭土可制金属陶瓷，并可用于导弹、火箭工业。其因首先发现于江西省景德镇的高岭而得名，如图1-1-27所示。

图 1-1-26 萤石

图 1-1-27 高岭石

1.3 岩　　石

1.3.1 岩石的基本知识

岩石是天然产出的具稳定外形的矿物或玻璃集合体，按照一定的方式结合而成。在绝大多数情况下，岩石是由几种矿物组成的集合体。但是，由于岩石类型不同，在很多岩石中，除了矿物之外，还有一些其他物质，比如矿物颗粒之间的胶结物，遗留在岩石中的植物和动物遗迹（也称化石），还有由于岩石形成温度高、冷却快、来不及结晶而形成的火山玻璃，这些物质也都是构成岩石集合体的成分。

岩石可分成三大类。一是岩浆岩，是地下炽热的岩浆有些喷出地面冷却、有些则在地下凝固后形成的岩石，如常见的花岗岩、不常见的玄武岩等。二是沉积岩，是由一些物质沉积到一起而形成的岩石，比如沙子、淤泥、火山灰等堆积到一起，天长日久就会产生石化作用而变成岩石，如页岩、砂岩、石灰岩等。三是变质岩，它原本就是岩石，后来由于温度、压力变高，内部的成分和结构发生了变化，形成了另一类岩石，如片岩、大理岩、糜棱岩等。

岩石是构成地壳和上地幔的物质基础。地球上三大类岩石数量不均，分布的位置也不同。沉积岩主要分布在陆地的表面，约占整个大陆面积的75%，洋底几乎全部为沉积物所覆盖，如图1-1-28所示；从地表面往下，越深则沉积岩越少，而火成岩和变质岩则越多，地壳深处和上地幔主要是火成岩和变质岩。火成岩占整个地壳体积的64.7%，变质岩占27.4%，沉积岩占7.9%，如图1-1-29所示。

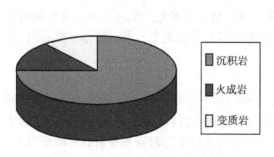

图 1-1-28 岩石占地球表面的面积示意图

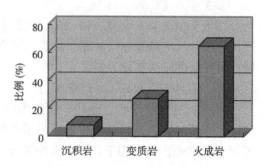

图 1-1-29 岩石占地壳体积的比例

1.3.2 岩浆岩

由岩浆冷凝固结而成的岩石称为岩浆岩（图 1-1-30）。它是由来自地球内部的熔融物质，在不同地质条件下冷凝固结而成。熔浆由火山通道喷溢出地表凝固形成的岩石，称为喷出岩或火山岩。常见的火山岩有玄武岩、安山岩和流纹岩等。当熔岩上升未达地表而在地壳一定深度凝结而形成的岩石称侵入岩，按侵入部位不同又分为深成岩和浅成岩。花岗岩、辉长岩、闪长岩是典型的深成岩，花岗斑岩、辉长玢岩和闪长玢岩是常见的浅成岩。

图 1-1-30　岩浆冷凝形成岩浆岩

1）岩浆岩的物质成分

（1）化学成分：岩浆岩的主要元素是 O、Si、Al、Fe、Mg、Cu、Na、K、Ti，其含量占岩浆岩的 99.25%。

（2）矿物成分：岩浆岩化学成分，可分成硅铝矿物和铁镁矿物两大类，见表 1-1-12。

岩浆岩按化学成分分类　　　　　表 1-1-12

硅铝矿物（又称浅色矿物），SiO_2 和 Al_2O_3 含量高，不含 Fe、Mg 元素，如石英、长石（下图为砂岩）	铁镁矿物（又称暗色矿物），FeO、MgO 含量较多，SiO_2 和 Al_2O_3 含量较少，如橄榄石、辉石类及黑云母类矿物（下图为角闪岩）	绝大多数的岩浆岩是由浅色矿物和暗色矿物组成（下图为闪长岩）

根据矿物的含量，可将矿物分成主要矿物、次要矿物、副矿物。主要矿物是指在岩石中含量较多的矿物，例如花岗岩类的主要矿物是石英和钾长石。次要矿物是指在岩石中含量较少的矿物。副矿物含量最少，通常不到 1%，个别情况下可达 5%。

2）岩浆岩的形成

地球内部产生的部分或全部呈液态的高温熔体称为岩浆，温度一般在 700~1 200℃。岩浆一般发生于地下数千米到数十千米，在岩石的强大压力下，喷发到地表。岩浆具有较大黏性，其黏性的大小决定了火山喷发的猛烈程度。

3）岩浆岩的结构构造

在地球上，无数千姿百态的自然景观都是岩石在长期的地质历史中不断变化、雕琢形成的。一般来讲，岩石的面貌主要受岩石的结构、构造和产状影响。

（1）结构：岩石的结构是指组成岩石的矿物本身的形态、外貌特征以及矿物之间的相互关系。

（2）构造：构造是指岩石中不同矿物集合体之间的排列方式及充填方式。

岩石的结构、构造是地质学家进行岩石鉴定和分类命名的依据，也是研究岩石成因和演化的不可缺少的内容。

岩浆岩的主要构造类型有块状构造、气孔构造、杏仁构造、流纹构造等，见表1-1-13。

岩浆岩的主要构造类型　　　　　　　表1-1-13

构造类型	图示	构造类型	图示
块状构造：组成岩石的矿物在整个岩石中分布均匀，其排列无向，是岩浆岩中最常见的构造		**杏仁构造**：当岩石中的气孔被岩浆期后矿物所充填时，其充填物宛如杏仁，称为杏仁构造；杏仁构造在玄武岩中最常见	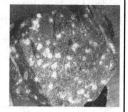
气孔构造：当岩浆喷溢到地面时，围压降低，由于岩浆迅速冷却凝固而保留在岩石中形成空洞，就是气孔构造		**流纹构造**：这是酸性熔岩中最常见的构造，它是由不同颜色的条纹和拉长的气孔等表现出来的一种流动构造	

4）岩浆岩的物理力学性质

一般来说，岩浆岩性质均一，构造简单，坚硬。深成岩孔隙率较小，力学强度高，解理少，基本不透水，其工程性质好，基性深成岩暗色矿物多，易于风化。喷出岩孔隙发育，透水性弱，抗风化能力差，力学强度低。

5）常见岩浆岩的特征

（1）花岗岩是大陆地壳中的主要岩石之一，大多分布在地壳的上层。花岗岩中含量最多的是长石和石英，两者含量一般要超过80%。因为它里面的晶体都很大，看上去是由无数颗粒组成的，所以称它为粒状岩石。花岗岩中的主要矿物是石英，一般占20%~50%，次要矿物为黑云母、角闪石。花岗岩的暗色物质主要是黑云母，如图1-1-31所示。

花岗岩大多为肉红色、灰白色、白色，呈等粒结构或似斑状结构，块状构造。其分布广泛，是良好的建筑装饰材料。

图1-1-31　花岗岩

（2）辉长岩是一种基性深成侵入岩，多为黑色、灰色或深灰色，呈粒状结构、块状构造。其主要矿物为斜长石、辉石，次要矿物为橄榄石、角闪石、黑云母等，如图1-1-32所示。

（3）橄榄岩是一种超基性深成侵入岩，多呈绿色、暗绿色、黑色等，呈粒状结构、块状构造。其主要由橄榄石、辉石组成。新鲜者少见，大多发生次生蚀变，如图1-1-33所示。

（4）流纹岩属于火山喷出岩，它是花岗岩浆形成的。因在岩浆喷出后的凝固期间，流动而产生一些纹路痕迹而得名。与流纹岩相关的金属矿产有铅、锌、银、金和铀等，常见的非金属矿有沸石、蒙脱石、高岭石、叶蜡石、明矾石和萤石等。

图1-1-32　辉长岩

图1-1-33　橄榄岩

流纹岩主要为灰白色、粉红色，呈斑状结构、隐晶质结构，常具流纹构造或拉长的气孔状构造，如图1-1-34所示。

（5）玄武岩是一种富含铁和镁的火山岩，如图1-1-35所示，它是由陆地火山或海底火山喷流出来而形成的。许多玄武岩都是非常细粒且致密的，这些细粒结晶物质有橄榄石、普通辉石或长石，一般为深灰、黑色，其成分同辉长岩，呈斑状结构、隐晶质结构，气孔杏仁构造发育。玄武岩是修建公路、铁路、机场跑道所用石料中最好的材料，具有抗压性强、压碎值低、抗腐蚀性强、与沥青有较好的黏附性等特点。玄武石具有耐磨、吸水量少、导电性能差、抗压性强、压碎值低、抗腐蚀性强、与沥青黏附性好等优点，并被国际认可，是发展铁路运输及公路运输最好的基石。

图1-1-34　流纹岩

图1-1-35　玄武岩

（6）闪长岩是一种中性深成侵入岩，多为灰白色、灰绿色、肉红色，常为中粒等粒结构，块状构造，其主要矿物为斜长石、角闪石，次要矿物为辉石、黑云母、石英、钾长石，如图1-1-36所示。

（7）安山岩是一种中性喷出岩，多为红褐色、浅褐色或灰绿色，斑状结构，块状或气孔状、杏仁状构造。其主要矿物为斜长石、辉石、角闪石、黑云母，如图1-1-37所示。

图1-1-36 闪长岩

图1-1-37 安山岩

1.3.3 沉积岩

沉积岩是在地表或近地表不太深的地方形成的一种岩石类型。

1）沉积岩概述

沉积岩是由风化产物、火山物质、有机物质等碎屑物质在常温常压下经过搬运、沉积和石化作用，最后形成的岩石。沉积岩可简单分为两类：一是陆源碎屑岩，主要由陆地岩石风化、剥蚀产生的各种碎屑物组成。按它们颗粒粒径大小不同又分为砾岩、砂岩、粉砂岩和泥质岩。二是内积岩，主要指在盆地内沉积形成的岩石。内积岩中有一种是我们所熟悉的，叫可燃有机岩（如煤、油页岩等）。

沉积岩有两个突出特征：

（1）沉积岩具有层次，称为层理构造。层与层的界面叫层面，通常下面的岩层比上面的岩层年龄古老。一个层可包含一个或若干个层系。层按厚度可划分5层，见图1-1-38和表1-1-14。

（2）许多沉积岩中有"石质化"的古代生物的遗体或生存、活动的痕迹——化石，它是判定地质年龄和研究古地理环境的珍贵资料，被称作是记录地球历史的"书页"和"文字"。

图1-1-38 沉积岩的层理

沉积岩岩层按厚度划分　　　　表1-1-14

序号	层的类型	单层厚度（m）
1	块状层	>2
2	厚层	0.5~2
3	中层	0.1~0.5
4	薄层	0.01~0.1
5	微细层或页状层	<0.01

2）沉积物的形成过程

（1）风化作用：地表和接近地表的岩石，在温度变化、水、空气及生物的作用和影响下发生破坏后，形成风化产物。

（2）风化产物：风化产物按其性质可分为三类。

①碎屑物质：碎屑物质是母岩机械破碎的产物，包括各种岩石碎屑和石英、云母、长石等矿物碎屑。

②不溶残余物质：不溶残余物质是母岩在分解过程中新生成的矿物。

③溶解物质：在化学风化过程中，母岩中活泼性较强的金属元素（如K、Na、Ca、Mg等）分解出来溶于水中，呈离子状态，组成真溶液；溶解度低的Al、Fe、Si等的氧化物和Fe、Al的氢氧化物则多成为胶体溶液。

（3）风化产物的搬运和沉积：母岩的风化产物（沉积物）由水、风、冰等介质搬运到沉积盆地中去接受沉积作用。

（4）成岩作用：沉积物堆积下来之后，接着为后继的沉积物所覆盖，由此开始转变成为沉积岩。引起沉积物和沉积岩发生变化的作用统称为成岩作用。

成岩作用主要有压固作用、胶结作用、重结晶作用。

①压固作用：由于上覆沉积物的静水压力而使松散沉积物的体积缩小、含水率减少、密度增加的作用，称为压固作用。

②胶结作用：松散的沉积颗粒由化学沉淀物质或其他物质黏结而变成坚固岩石的作用称为胶结作用。

③重结晶作用：矿物成分借溶解及固体扩散等作用而重新排列组合，称为重结晶作用。

3）沉积岩的一般特征

（1）成分特征。

①陆源碎屑矿物：系指从母岩中继承下来的一部分矿物，呈碎屑状，是母岩物理风化的产物，如石英、长石、云母等。

②自生矿物：它是沉积岩形成过程中，母岩分解出的化学物质沉积形成的矿物，如方解石、白云石、石膏、铁锰的氧化物及氢氧化物等。

③次生矿物：它是沉积岩遭受风化作用而形成的矿物，如碎屑长石风化而成的高岭石以及伊利石、蒙脱石等。

④有机质及生物残骸：它是由生物残骸或有机质经化学变化而成的物质。

⑤胶结物：它是指充填于沉积颗粒之间，并使之胶结成块的某些矿物质。胶结物主要来自粒间溶液和沉积物的溶解产物，通过粒间沉淀和粒间反应等方式形成。胶结物含量的多少与碎屑颗粒之间的胶结形式，对岩石的强度有极大的影响。常见的胶结物类型见表1-1-15。

常见的胶结物类型 表1-1-15

胶结物类型	物质组成	性 质
硅质胶结（SiO_2）	胶结物质主要为石英、玉髓及蛋白石等	形成的岩石最坚硬
铁质胶结（Fe_2O_3、FeO）	胶结物质主要为赤铁矿、褐铁矿等，颜色常为铁红色	形成的岩石的强度仅次于硅质胶结
钙质胶结（$CaCO_3$）	胶结物质主要为方解石、白云石等	形成的岩石遇酸性水极易溶解
泥质胶结	胶结物为黏土矿物	形成的岩石极易软化

石化了的各种古生物遗骸和遗迹称化石，其形成过程分四个阶段，见表1-1-16。

化石形成过程　　　　　　　　表1-1-16

第一阶段：海洋动植物的尸体沉到海底或湖底，其软组织常常被吃掉或消解掉	第二阶段：砂石等沉积物在残骸尸体腐烂前堆积在上面，并使其沉积到适宜位置	第三阶段：富含矿物质的水过滤岩石，填充有机物细胞之间的空隙，矿物质便取代生物的骨骼或外壳	第四阶段：数百万年后，岩石隆起，由于气候的侵蚀作用使化石展现出来
经过四个阶段后，就形成了化石，如右图所示为海底沉积物海百合与寒武纪的三叶虫			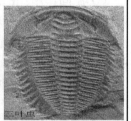

（2）构造特征。

①层理构造：它是成分、结构、颜色等在垂向（垂直于沉积物表面的方向）上的变化面显示的一种层状构造。层理可分为三种类型：水平层理、斜层理、交错层理，如图1-1-39所示。

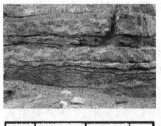  

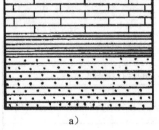 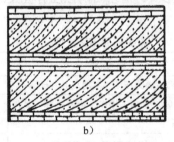 

a)　　　　　　　　　　b)　　　　　　　　　　c)

图1-1-39　层理构造类型示意图
a) 水平层理；b) 斜层理；c) 交错层理

②层面构造：层面构造指未固结的沉积物，由于搬运介质的机械原因或自然条件的变化及生物活动，在层面上留下痕迹并被保存下来，如泥裂、波痕、流痕、雨痕和雹痕、结核、缝合线、虫迹、化石等，见图1-1-40和表1-1-17。

常见岩层层面构造类型　　　　　表1-1-17

泥裂——未固结的沉积物露出水面干涸时，经脱水收缩干裂而形成的裂缝		波痕——在尚未固结的沉积层面上，由于流水、风或波浪的作用形成的波状起伏的表面，经成岩作用后被保存下来	
流痕——系指沉积层表面存在的一种树枝状水流痕迹；在其上覆岩层的底面上，常保留有流痕印模		雨痕和雹痕——雨痕是由雨滴落于松软的泥质沉积物表面上之后，在沉积物表面上所形成的圆形或椭圆形凹穴；雹痕与雨痕相似，但面较大且深，边缘略微高起，粗糙，形状不规则	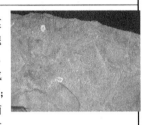
结核——指在成分、颜色、结构等方面与周围沉积岩具有明显区别的矿物集合体；有球形、椭球形、透明状以及不规则状等		缝合线——碳酸盐岩中极为常见的构造；缝合线是指在垂直碳酸盐岩等岩石层理的切面中出现的呈头盖骨接合缝式的锯齿状缝隙	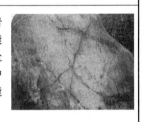
虫迹——生物在未固结的沉积层表面留下的活动痕迹，是一种层面构造		化石——是岩层中保存着的经石化了的各种古生物遗骸和遗迹	

4）沉积岩的物理力学性质

沉积岩主要有两大类，一类是碎屑岩，其硅质石英砂岩强度大，抗风化能力强，一般空隙度大、抗拉强度低、易碎、储水、透水，易引起塌方；另一类是化学岩和生物化学岩，此类岩石多数结构致密，性质坚硬，强度较高，易溶于水形成溶洞、溶蚀裂隙、洞穴、地下河等，以致影响强度，含硅酸盐时强度较高，含黏土时强度较低。如页岩主要成分为黏土，有节理，易风化，具可塑性、膨胀性，强度很差。

5）常见沉积岩的特征

（1）石灰岩，主要由方解石组成，次要矿物有白云石、黏土矿物等，呈化学结晶结构、生物结构、块状构造，如图 1-1-41 所示。石灰岩致密、性脆，一般抗压强度较差，是烧制石灰和水泥的重要原材料，也是用途很广的建筑石材。但由于石灰岩属微溶于水的岩石，易形成裂隙和溶洞，对基础工程影响很大。

图 1-1-40　层面构造

图 1-1-41　石灰岩

（2）白云岩：主要由白云石和方解石组成，颜色灰白，略带淡黄和淡红色，呈化学结晶结构，块状构造，如图 1-1-42 所示。白云岩可作高级耐火材料和建筑石料。

（3）泥灰岩：主要由方解石和黏土矿物（含量 25%~50%）组成，呈化学结晶结构，块状构造，如图 1-1-43 所示。泥灰岩滴稀盐酸剧烈起泡，留下土状斑痕；抗压强度低，遇水易软化，可作水泥的原料。

图 1-1-42　白云岩

图 1-1-43　泥灰岩

沉积岩中由碳酸盐组成的岩石，以石灰岩和白云岩分布最为广泛。石灰岩、白云岩、泥灰岩三者的主要区别是：石灰岩在常温下遇稀盐酸剧烈起泡；白云岩在常温下遇稀盐酸不起泡，但加热或研成粉末后遇稀盐酸则起泡；泥灰岩遇稀盐酸起泡后留有泥点。

（4）砂岩：砂岩砂粒的主要成分为石英、长石及岩屑等，其呈砂状结构，层理构造，如图 1-1-44 所示。砂岩为多孔岩石，孔隙愈多，其透水性和蓄水性愈好。砂岩强度主要取决于砂粒成分和胶结物的成分、胶结类型等，其抗压强度差异较大。由于多数砂岩岩性坚硬而脆，在地质构造作用下裂隙发育，所以，常具有较强的透水性。许多砂岩都可以用来作磨料、玻璃原料和建筑材料等。砂岩还是石油、天然气和地下水的聚集场所。

（5）粉砂岩：粉砂岩由 50% 以上粒径在 0.002~0.074mm 的粉砂粒胶结而成，其成分主要是石英，其次是白云母、长石和黏土矿物等，胶结物多为泥质。因其颗粒细小，故肉眼难以区分其成分及胶结物。粉砂岩具有粉砂质结构，层理构造，结构疏松，强度和稳定性不高，如图 1-1-45 所示。

图 1-1-44　砂岩

图 1-1-45　粉砂岩

（6）砾岩及角砾岩：砾岩及角砾岩 50% 以上由粒径大于 2mm 的砾或角砾胶结而成，呈砾状结构，块状构造，如图 1-1-46 所示。硅质胶结的石英砾岩非常坚硬，开采加工较困难，泥质胶结的则相反。

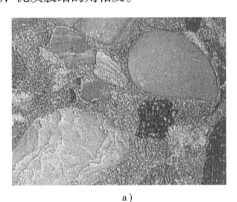
a）

b）

图 1-1-46　砾岩及角砾岩

a）砾岩；b）角砾岩

（7）泥岩：泥岩主要由黏土矿物经脱水固结而形成，具黏土结构，层理不明显，呈块状构造，固结不紧密、不牢固，如图 1-1-47 所示。泥岩强度较低，一般干试样的抗压强度在 5~30MPa 之间，遇水易软化，强度明显降低，饱水试样的抗压强度可降低 50% 左右。

（8）页岩：页岩是泥质岩的一种，由一些非常细小的颗粒组成，超过一半以上都是直径小于 0.003 9mm 的颗粒；另外，其含有大量黏土，所以也称它为黏土岩。事实上，它们在没有变成岩石时或疏松时，就是黏土。页岩是分布最为广泛的一种沉积岩，约占大陆沉积物的 69%。页岩主要由黏土矿物经脱水固结而形成，黏土结构，页理构造，富含化石。一般情况下，页岩岩性松软，易于风化呈碎片状，强度低，遇水易软化而丧失其稳定性，如图 1-1-48 所示。

图 1-1-47　泥岩

图 1-1-48　页岩

1.3.4　变质岩

变质岩即原有岩石经变质作用而形成的岩石。

1）变质岩概述

（1）由地球内力作用促使岩石发生矿物成分及结构构造变化，此类作用称为变质作用。变质岩的质变可能是重结晶、纹理改变或颜色改变。

（2）地球上已形成的岩石（岩浆岩、沉积岩、变质岩），随着地壳的不断演化，其所处的地质环境也在不断改变，为了适应新的地质环境和物理—化学条件的变化，它们的矿物成分、结构、构造就会发生一系列改变。其固态的岩石在地球内部的压力和温度作用下，发生物质成分的迁移和重结晶，形成新的矿物组合。如普通石灰石由于重结晶变成大理石。

（3）变质岩是组成地壳的主要成分，占地壳体积的27.4%。一般变质岩是在地下深处的高温（要大于150℃）高压下产生的，后来由于地壳运动而出露地表。

（4）变质岩与沉积岩和岩浆岩的区别在于：变质作用形成于地壳一定的深度，也就是发生于一定的温度和压力范围，既不同于沉积岩的地表或近地表常温常压条件，也不同于岩浆岩形成时的高温高压条件；另外，变质作用中的矿物转变是在固态情况下完成的，而不是像岩浆岩那种从液态的岩浆中结晶形成的。

2）变质岩的分类

（1）变质岩分两大类：正变质岩、副变质岩。变质作用于岩浆岩（火成岩），形成的变质岩为正变质岩；变质作用于沉积岩，生成的变质岩为副变质岩。

大面积变质一般为区域性的，也有局部性的，如图1-1-49所示。

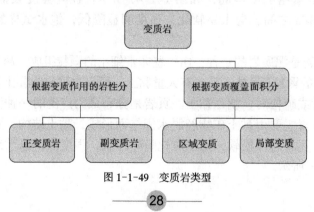
图 1-1-49　变质岩类型

（2）根据原岩受变质作用的程度不同，变质情况也不同。一般分为低级变质、中级变质和高级变质。变质级别越高，则变质程度越深，如图 1-1-50 所示。

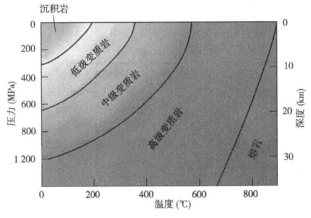

图 1-1-50　变质岩的变质程度

如图 1-1-51 所示：沉积岩黏土质岩石，在低级变质作用下，形成板岩；在中级变质作用下，形成云母片岩；在高级变质作用下，又形成片麻岩。

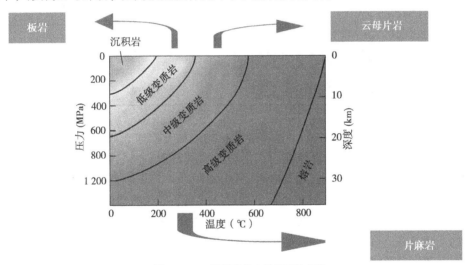

图 1-1-51　沉积岩黏土质岩石的变质

3）变质岩的矿物成分

组成变质岩的矿物可以分成两类：贯通矿石和变质矿物，见表 1-1-18。

变质岩的矿物分类　　　　表 1-1-18

贯通矿石	三大类岩石中共存的矿物	如石英、长石、云母、角闪石、辉石、磷灰石等
变质矿物（是变质作用中产生的新矿物，也是鉴别变质岩的重要标志）	低级变质矿物	如绢云母、绿泥石、蛇纹石、浊沸石、绿纤石等
	中级变质矿物	蓝晶石、十字石（中压）、红柱石、堇青石（低压）
	高级变质矿物	紫苏辉石、矽线石
	高压低温矿物	蓝闪石、硬柱石、硬玉、文石

4）变质岩的结构和构造

变质岩的结构和构造可以具有继承性，即可保留原岩的部分结构、构造，也可以在不同变质作用下形成新的结构、构造。变质岩的构造常有：变余构造、千枚状构造、片麻状构造、条带状构造、块状构造，见表 1-1-19。

变 质 岩 的 构 造　　　　　　　　表 1-1-19

构造	图示	构造	图示
变余构造：岩石经变质后仍保留有原岩部分的构造特征，这种构造称为变余构造，是恢复原岩的重要依据		**千枚状构造**：岩石中各组分已基本重结晶，而且矿物已初步有定向排列，在岩石的自然破裂面上见有强烈的丝绢光泽	
片麻状构造：岩石具有变晶结构，以粒状矿物为主，片状或粒状矿物定向排列，但因数量不多而使得彼此不连接，被粒状矿物（长石、石英）所隔开		**条带状构造**：岩石中成分、颜色或粒度不同的矿物分别集中，形成平行相间的条带	
块状构造：岩石中的矿物均匀分布、结构均一、无定向排列	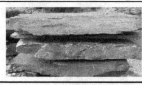		

5）常见变质岩的特征

（1）片岩：原岩已完全重结晶，是具有片状构造的变质岩，如图 1-1-52 所示。片理主要由片状或柱状矿物（云母、绿泥石、滑石、角闪石等）呈定向排列构成。很多片岩都具有平行的皱纹，这是因为各个方向的作用力不同。

（2）片麻岩：主要由长石、石英组成，是片麻状或条带状构造的变质岩，如图 1-1-53 所示。片麻岩可做建筑石材和铺路原料。片麻岩上的条状是由岩石中不同比例的矿物分布形成的，比如深色条带中含镁铁质矿物，浅色条带中含长石、石英物质多。另外，颗粒大小也可产生条带状。

图 1-1-52　片岩

图 1-1-53　片麻岩

（3）板岩：岩性致密，板状劈理发育，是能裂开成薄板的低级变质岩，如图1-1-54所示。组成板岩的矿物颗粒很细，难以用肉眼鉴别。由于原岩成分没有明显的重结晶现象，新生矿物很少，以隐晶质为主，常有变余结构和构造。板岩原岩为黏土岩、粉砂岩或中酸性凝灰岩。板岩裂开的方向与原岩层理无关，与它们受应力作用的方向有关。板岩可根据颜色或其所含杂质进一步划分，如碳质板岩、钙质板岩、黑色板岩等。

（4）千枚岩：显微变晶片理发育面上呈绢丝光泽的低级变质岩，如图1-1-55所示。千枚岩典型的矿物组合为绢云母、绿泥石和石英，可含少量长石及碳质、铁质等物质，有时还有少量方解石、雏晶黑云母、黑硬绿泥石或锰铝榴石等变斑晶。

图1-1-54 板岩

图1-1-55 千枚岩

（5）大理岩：主要由方解石、白云石等碳酸盐类矿物组成的变质岩，它里面的方解石和白云石含量在50%以上，因云南大理盛产此岩石而得名，如图1-1-56所示。大理岩具有各种美丽的颜色和花纹，常见的颜色有浅灰、浅红、浅黄、蓝色、褐色、黑色等，产生不同颜色和纹路的主要原因是大理岩中含有少量的有色矿物和杂质。由于大理岩是由石灰岩变质而成，主要成分为碳酸钙，因此也是制造水泥的原料。纯白的大理石即汉白玉。

（6）石英岩：主要是由石英组成的变质岩，是石英砂岩及硅质岩经变质作用形成的，如图1-1-57所示。其常为粒状变晶结构，块状构造。主要用途是做冶炼有色金属的溶剂、制造酸性耐火砖（硅砖）和冶炼硅铁合金等。纯质的石英岩可制石英玻璃，提炼结晶硅。

图1-1-56 大理岩

图1-1-57 石英岩

1.3.5 三大类岩石的互相转化

岩浆岩、沉积岩和变质岩是地球上组成岩石圈的三大类岩石，它们都是各种地质作用的产物。然而，原先形成的岩石，一旦改变其所处的环境，岩石将随之发生改变，转化为其他类型的岩石。

出露到地表面的岩浆岩、沉积岩与变质岩，在大气圈、水圈与生物圈的共同作用下，可以经过风化、剥蚀、搬运作用而变成沉积物。沉积物埋藏到地下浅处就硬结成岩——重新形成沉积岩；埋到地下深处的岩浆岩或沉积岩，在温度不太高的条件下，可以在基本保持固态的情况下发生变质，变成变质岩。不管什么岩石，一旦进入高温（700~800℃）状态，岩石将逐渐熔融成岩浆，岩浆在上升过程中温度降低，成分复杂化，或在地下浅处冷凝成侵入岩，或喷出地表而形成火山岩。在岩石圈内形成的岩石，由于地壳上升，上覆岩石遭受剥蚀，它们又有机会变成出露地表的岩石。三大类岩石相互转化，如图1-1-58所示。

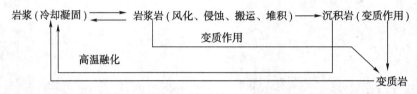

图 1-1-58　三大类岩石相互转化图示

综上所述，岩石圈内的三大类岩石是完全可以互相转化的，它们之所以不断地运动、变化，完全是岩石圈自身动力作用以及岩石圈与大气圈、水圈、生物圈、地幔等圈层相互作用的缘故。从长时间来看，岩石圈里的岩石都是在不断变化着的。

本任务小结

地球上现有的一切工程都是修建在地壳表层，地壳表层的地质环境必然会影响工程建筑物的安全稳定和正常使用，以致影响工程的造价。

岩石是组成地壳的主要物质，而岩石又是由矿物构成，因此矿物、岩石的成因、物质组成、结构不同，在外力作用下的强度与变形特征不一样，对工程稳定性的影响（即工程地质）不同。故本部分内容要求学习者掌握矿物和三大基本岩类的特征及其工程性质。

思考题

1. 地球内部有哪些圈层？
2. 简述岩石的风化过程。
3. 什么是矿物？矿物有哪些物理性质？
4. 矿物的颜色和条痕的区别是什么？
5. 什么是岩石？它同矿物有何关系？
6. 什么是沉积岩？它与岩浆岩有哪些基本区别（形成条件、化学成分、结构构造等方面）？
7. 在常见的造岩矿物中，属于沉积岩和变质岩的特有矿物主要有哪些？

8. 什么是石灰岩和白云岩？其成因有何特点？举出常见的石灰岩、白云岩岩石类型及特殊结构、构造。

学习任务2　认识地层与地质构造

2.1　地　层

2.1.1　地质年代及地质年代表

1）地质年代

地表的岩石及岩层中的各种地质构造形态都是过去地质历史时期内演变发展的结果。在漫长的地质历史中，查明各种地质作用的发生、发展过程，必须首先建立统一的、便于不同地区对比的时间系统，即确立地质年代。

地质年代就是从最老的地层到最新的地层所代表的整个时代。各地层的新、老关系在判别褶曲、断层等地层构造形态中，有着非常重要的作用。地质学家在研究地壳历史时，仿用了人类历史研究中划分社会发展阶段的方法，把地史划分为5个代，代以下再分纪、世等；与地质时代单位相应的年代地层单位称界、系、统等。地壳上不同时期的岩石和地层有不同的表述单位（地质年代表述单位：宙、代、纪、世、期、时；地层表述单位：宇、界、系、统、组、时间带）。地质年代可分为相对年代和绝对年龄（或同位素年龄）两种。

绝对年龄是根据测出岩石中某种放射性元素及其蜕变产物的含量而计算出的岩石生成后距今的实际年数。岩石越老，地层距今的年数越长。每个地质年代单位应为开始于距今多少年前，结束于距今多少年前，这样便可计算出共延续多少年。例如，中生代始于距今2.3亿年，止于距今6 500万年，延续1.65亿年。

利用放射性同位素所获得的地球上最大的岩石年龄为45亿年，月岩年龄在46亿~47亿年之间，陨石年龄也在46亿~47亿年之间。因此，地球的年龄应在46亿年以上。

相对地质年代是指岩石和地层之间的相对新老关系和它们的时代顺序，是由该岩石地层单位与相邻已知岩石地层单位的相对层位的关系来决定。

在各个不同时期的地层里，大都保存有古代动、植物的标准化石（图1-2-1），如寒武纪的三叶虫、奥陶纪的珠角石、志留纪的笔石、泥盆纪的石燕、二叠纪的大羽羊齿、侏罗纪的恐龙等。

各类动、植物化石出现的早晚是有一定顺序的，越是低等的，出现得越早，越是高等的，出现得越晚。

地质学家和古生物学家根据地层自然形成的先后顺序，将地层分为5代12纪，即早期的太古代和元古代（元古代在中国含有1个震旦纪），以后的古生代、中生代和新生代。古生代分为寒武纪、奥陶纪、志留纪、泥盆纪、石炭纪和二叠纪，共6个纪；中生代分为三叠纪、侏罗纪和白垩纪,共3个纪;新生代只有第三纪、第四纪2个纪。

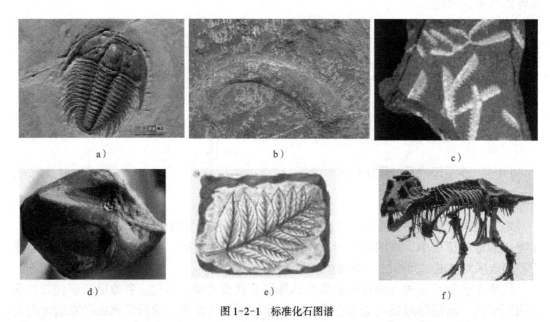

图 1-2-1 标准化石图谱

a)寒武纪的三叶虫;b)奥陶纪的珠角石;c)志留纪的笔石;d)泥盆纪的石燕;e)二叠纪的大羽羊齿;f)侏罗纪的恐龙

2)地质年代表

地质年代单位包括宙、代、纪、世、期、时,年代地层单位包括宇、界、系、统、组、时间带,见表1-2-1。

地质年代单位与年代地层单位　　　　表1-2-1

地质年代单位		地层年代单位	
宙（最大的单位）	太古宙	宇（最大的单位）	太古宇
	元古宙		元古宇
	显生宙		显生宇
代（次于宙的单位）	古生代	界（次于界的单位）	古生界
	中生代		中生界
	新生代		新生界
纪	是代的一部分,如寒武纪、泥盆纪、侏罗纪、第三纪等	系	是界的一部分,如寒武系、泥盆系、侏罗系、第三系等
世	一个纪分成两个或更多的世,比如寒武纪分三个世:早世、中世和晚世;二叠纪分两个世:早世和晚世	统	一个系分成两个或更多的统,比如寒武系分三个统:下统、中统和上统;二叠系分两个统:下统和上统
期	次于世的单位	组	次于统的单位
时	最低的单位	时间带	最低的单位

目前通用的是国际地质年代表（表1-2-2）。寒武纪前划分为太古代和元古代，其后划分为3个代，即古生代、中生代、新生代。古生代又可划分为6个纪，中生代可划分为3个纪，新生代可划分为2个纪。

地质年代表　　　　　　　　　　　　　表1-2-2

宙（宇）	代（界）	纪（系）		距今年数	主要特征（生物开始出现时间）
显生宙（界）	新生代（界）Kz	第四纪（系）Q		1万~200万年	人类时代，现代动物，现代植物
		第三纪（系）R	晚第三纪（系）N	600万~6500万年	鸟类出现
			晚第三纪（系）E		被子植物出现，兽类出现
	中生代（界）Mz	白垩纪（系）K		1.37亿年	
		侏罗纪（系）J		1.95亿年	蜥龙、鱼龙出现，爬行动物时代
		三叠纪（系）T		2.3亿年	
	古生代（界）Pz	晚古生代（界）	二叠纪（系）P	2.85亿年	裸子植物出现，两栖类动物出现
			石炭纪（系）C	3.5亿年	
			泥盆纪（系）D	4.05亿年	鱼类出现，节蕨、石松、真蕨植物出现
		早古生代（界）	志留纪（系）S	4.4亿年	
			奥陶纪（系）O	5亿年	硬壳（无脊椎）动物出现，裸蕨植物出现
			寒武纪（系）	6亿年	
元古宙	元古代（界）Pt	震旦纪（系）Z		13亿~19亿年	原核生物出现（菌类及蓝藻）
				34亿年	
太古宙	太古代Ar			46亿年	生命现象开始出现

2.1.2 地层及岩石层产状

1) 地层及岩层

（1）地层。在一定地质时期内所形成的一套岩层（包括沉积岩、岩浆岩和变质岩）称为地层，就是指地壳上部广泛分布着的层状岩石和未固结的堆积物，它们一般都是经历了漫长的地质岁月才形成的，通常把某一地质时代所形成的一套岩层或堆积物，统称为那个时代的地层。

（2）岩层。岩层是由两个平行或近于平行的界面所限制的同一岩性组成的层状岩体。

岩层的顶面、底面、厚度称为岩层的三大要素，是指上下层面之间成分基本一致的岩石，不具有时代的概念。

2) 岩层产状

岩层产状是指岩层的空间位置，用于描述岩层的空间展布特征，包括岩层的走向、倾向、倾角，这三者又称为产状三要素。

（1）产状三要素。

①走向。走向指岩层层面与水平面交线的方位角，其表示岩层在空间延伸的方向，如图 1-2-2 中 AB 线所示。

注意：这里强调两端所指的方向，因此走向的方位角有两个，相差 180°。如走向北东 30°，即南西 210°。

②倾向。倾向指垂直走向顺倾斜面向下引出的直线在水平面投影的方位角，表示岩层在空间的倾斜方向，如图 1-2-2 中 CD 线所示。倾向只有一个方向，且与走向垂直，走向 = 倾向 +90°。

③倾角。倾角指岩层层面与水平面所夹的锐角（0°~90°）表示岩层在空间倾斜角度的大小，如图 1-2-2 中 α 角所示。

可见，用岩层产状的三个要素能表达经过构造变动后的构造形态在空间的位置。

（2）岩层产状的测量方法。岩层产状在野外是用地质罗盘仪来测量的，见图 1-2-3。

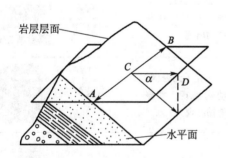

图 1-2-2 岩层产状要素示意图

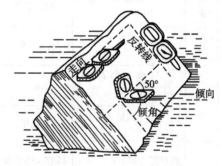

图 1-2-3 岩层产状的测量示意图

①测走向。将罗盘仪的长边（平行于南北刻度线的仪器外壳的边缘）紧靠岩层层面，调整罗盘位置，使水准气泡居中，待磁针静止，读指北针或指南针所指的方位角度数，就是走向的方位。

②测倾向。将罗盘仪的短边（如用刻度盘南端）紧靠岩层层面，罗盘北端则指向岩层倾斜方向，调整罗盘位置，使水准气泡居中，待磁针静止，读指北针所指的方位角度

数，就是所测之倾向方位。

③测倾角。将罗盘仪竖放在层面上，使其长边与走向线垂直旋钮，待测角水泡居中，倾角指示器所指的度数即为岩层的倾角。

（3）倾斜岩层产状表示方法。岩层产状的记录方式有多种，在文字记述中，产状常用方位角表示，只记述倾向和倾角。如用罗盘测量出某一岩层走向为310°，倾向为220°，倾角为35°，则记录为220°∠35°（倾向∠倾角）。如需知道岩层的走向时，只需将倾向加减90°，也可以把走向、倾向和倾角都记述。如一组走向为北西320°，倾向为南西230°，倾角为35°的岩层产状，记录为N320°W、S230°W、∠35°。

在地质图或平面图上标注产状要素时，需用符号和倾角表示，岩层的产状可用符号"├"表示，长线表示岩层的走向，与长线垂直的短线表示岩层的倾向（长短线所示的均为实测方位），数字表示岩层的倾角。

2.2 地质构造

在岩层和岩体中遗留下来的各种构造形迹，如岩层褶曲、断层等，称为地质构造。地质构造的规模有大有小，大的如构造带，可以纵横数千公里，小的如岩石片理等。

世间万事万物都在不停地运动、变化和发展之中，地壳也是如此。地壳中的岩浆岩、沉积岩、变质岩，它们是在不同的地质作用下形成的。岩浆岩中的侵入岩在地下形成，在地表看不见，但现在大量侵入岩突出地表，甚至形成高山，如五台山等即由侵入岩或其变质岩组成；沉积岩的原始形态应为水平沉积，但地表大量沉积岩往往呈现倾斜、弯曲、断开状态，这些都说明地壳上岩石是在发生运动的，即存在一种作用在时刻改变着沉积岩层的原始形态，这就是地壳运动的结果。

地壳运动有两种基本类型，即水平运动、垂直运动。

水平运动：地壳运动时所产生的作用力是沿地面水平方向发生的，这种运动使岩层遭受到巨大的水平挤压，并最终产生一系列复杂的地质构造形式，如一些大型复杂的褶皱构造和巨大的逆掩断层、平移断层等。

垂直运动：作用力的方向与地表垂直，它引起地壳局部地区的上升或下降，不断改变着海陆轮廓，并伴随有岩层的倾斜、弯曲和断裂的发生。如被称为"世界屋脊"的喜马拉雅山区，是现代地球上海拔最高的地区。目前，整个喜马拉雅山区仍以每年2~3mm的速度上升。可见，这种长期、缓慢、影响范围广阔的地壳运动，虽然不易直接为人们所觉察，但在漫长的地质历史发展过程中却对地壳进行着巨大改造，从而成为地壳运动的主要内容。

虽然在地壳运动的作用下，地层形态极其复杂多变，但地质构造可划分为三种基本类型，即倾斜构造、褶皱构造、断裂构造。

2.2.1 倾斜构造

1）倾斜构造的分类

倾斜构造一般可分成三种：单斜构造、水平构造、直立构造，如图1-2-4所示。

（1）单斜构造：原来水平或近水平沉积的地层，在地壳运动的影响下，因产状改变而发生倾斜变化，此时，岩层面与水平面有了一定的倾角，成为具有倾斜构造的岩层。

当地壳运动使原始水平的岩层发生倾斜，若岩层向同一方向倾斜，其倾斜角度也大致相同，则称为单斜构造，亦称单斜岩层，如图1-2-5所示。它常常是褶皱的一翼或断层的一盘，也可是区域内的不均匀上升或下降所形成的。

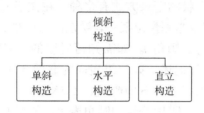
图1-2-4 倾斜构造分类

图1-2-5 单斜岩层

（2）水平构造：原始沉积的岩层，一般是水平或近于水平的，先沉积的在下，后沉积的在上。当岩层层面与水平面的交角近于或等于0°时，称为水平岩层，如图1-2-6所示。

（3）直立构造：当地壳运动使原始水平的岩层发生改变，岩层面与水平面的交角近于或等于90°时，称为直立岩层，如图1-2-7所示。

图1-2-6 水平岩层

图1-2-7 直立岩层

2）倾斜构造（岩层产状）对公路工程建设的影响

（1）与公路工程的关系，见图1-2-8。

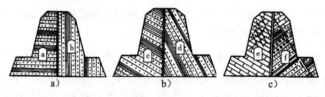
图1-2-8 岩层产状与公路工程的关系

a、b、c- 这三种岩层产状对公路边坡稳定有利；d、e- 这两种岩层产状易形成边坡坍塌和滑动；f- 这种岩层产状极易形成滑坍

（2）与隧道工程的关系，见图1-2-9。

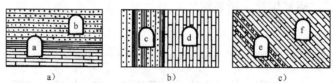
图1-2-9 岩层产状与隧道的关系

b、d、f- 这三种岩层产状及岩性，布设隧道一般是稳定的；a、c、e- 这三种岩层产状及岩性，布设隧道可能引起隧道边墙坍塌或顺层滑动

2.2.2 褶皱构造

原来呈水平或近水平状态的岩层，在受到地壳运动所产生的强大水平力的挤压后，产生柔性弯曲但未失去其连续性，这种弯曲的地层形态被称为褶皱构造。

褶皱是褶曲的组合形态，是两个或两个以上褶曲构造的组合，如图1-2-10所示。在褶皱比较强烈的地区，一般的情况都是线形的背斜与向斜相间排列，以大体一致的走向平行延伸，有规律地组合成不同形式的褶皱构造。如果褶皱剧烈，或在早期褶皱的基础上再经褶皱变动，就会形成更为复杂的褶皱构造，我国的一些著名山脉，如昆仑山、祁连山、秦岭等，都是这种复杂的褶皱构造山脉。

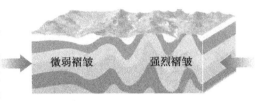

图1-2-10 褶皱示意图

1）褶曲的特征

褶皱构造中岩石的每一个弯曲（一个完整的波形）都称为一个褶曲。

褶曲的中心部分称为核部或轴部；大体把褶曲平分的理想面称轴面；轴面与水平面的交线称轴线；从褶曲的横断面上看，岩层面上弯曲最大的一点称脊；同一岩层面上所有弯曲最大的点的连线称为褶曲的脊线。褶皱要素如图1-2-11所示。

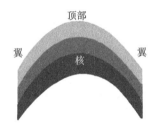

图1-2-11 褶皱要素

图1-2-12 背斜与向斜

2）褶皱的分类

褶皱的形态是多种多样的，有的舒缓、有的紧密、有的对称、有的不对称，但其基本类型只有两种，即背斜与向斜，如图1-2-12所示。

（1）背斜。岩层向上拱起，经风化、剥蚀后露出地面的地层，向两侧成对称形式出现，自核部向翼部，岩层时代依次由老到新，新地层在两侧，即两翼岩层常相背向外倾斜的称为背斜。

（2）向斜。岩层向下弯曲，形成槽形褶皱，自核部向翼部，岩层时代依次由新到老，两翼岩层常相对向内倾斜的称为向斜。

3）正地形与逆地形

一般情况下，在地形上背斜成山、向斜成谷是内力作用的结果，常称正地形，如图1-2-13所示。

然而，褶皱形成后，地表长期受风化剥蚀作用的破坏，其外形也可以发生改变。在沉积岩层侧向挤压力的作用下形成褶皱构造的过程中，岩层发生弯曲变形，由于背斜顶部产生局部张力，造成顶部岩层裂隙较为发育，为外力侵蚀提供了有利条件。向斜槽部会产生局部挤压力，岩性相对较坚硬，抵抗风化侵蚀的能力较强。

在长期外力作用下，差异性侵蚀逐渐明显，背斜遭受侵蚀的速度较快，向斜遭受侵蚀的速度要缓慢得多。经过长期地质演变，会发生地形倒置现象，这就是逆地形，如图 1-2-14 所示。这主要是外力侵蚀作用的结果。

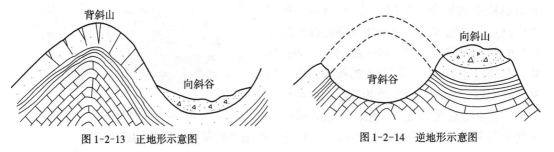

图 1-2-13 正地形示意图　　　　　　　图 1-2-14 逆地形示意图

4) 褶皱构造对工程建设的影响

（1）褶皱核部岩层由于受水平挤压作用，产生许多裂隙，直接影响到岩体的完整，如图 1-2-15 所示。褶皱的核部是岩层强烈变形的部位，沿褶皱核部常有断层产生，造成岩石破碎或形成构造角砾岩带；地下水多聚积在向斜核部，背斜核部的裂隙也往往是地下水富集和流动的通道，必须注意岩层的坍落、漏水及涌水问题；在石灰岩地区往往岩溶较为发育。受岩层构造变形和地下水的影响，公路、隧道工程或桥梁工程在褶皱核部易遇到工程地质问题，如图 1-2-16 中 a、c 的位置。

图 1-2-15 褶皱核部岩层裂隙　　　　　图 1-2-16 隧道布置与褶皱的关系

（2）褶皱的翼部不同于核部，在褶皱翼部布置建筑工程时，如果开挖边坡的走向近于平行岩层走向，且边坡倾向与岩层倾向一致，边坡坡角大于岩层倾角，则容易造成顺层滑动现象。在褶皱两翼形成倾斜岩层容易造成顺层滑动，特别是当岩层倾向与临空面坡向一致，且岩层倾角小于坡角时，或当岩层中有软弱夹层，如有云母片岩、滑石片岩等软弱岩层存在时，应慎重对待。

（3）对于隧道等深埋地下的工程，从褶皱的翼部通过一般是比较有利的，如图 1-2-16 中 b 的位置。因为隧道通过均一岩层有利于稳定，而背斜顶部岩层受张力作用可能塌落，向斜核部则是储水较丰富的地段，但如果中间有松软岩层或软弱构造面时，则在顺倾向一侧的洞壁，有时会出现明显的偏压现象，甚至会导致支撑破坏，发生局部坍塌。

（4）对于深路堑和高边坡来说，存在以下三种情况：

①有利情况：路线走向与岩层走向垂直，或路线走向与岩层走向平行但岩层倾向与边

坡倾向相反时,只就岩层产状与路线走向的关系而言,对路基边坡的稳定性是有利的。

②不利情况:路线走向与岩层走向平行,边坡倾向与岩层倾向一致,特别在云母片岩、绿泥石片岩、滑石片岩、千枚岩等松软岩石分布地区,坡面容易发生风化剥蚀,产生严重碎落坍塌,对路基边坡及路基排水系统会造成经常性的危害。

③最不利情况:路线走向与岩层走向平行,岩层倾向与路基边坡倾向一致,而边坡的坡角大于岩层的倾角,特别在石灰岩、砂岩与黏土质页岩互层,且有地下水作用时,如路堑开挖过深,边坡过陡,或者由于开挖使软弱构造面暴露,都容易引起斜坡岩层发生大规模的顺层滑动,从而破坏路基稳定。

2.2.3 断裂构造

构成地壳的岩体,受构造应力作用发生变形,变形超过岩石的强度极限时,岩体的连续性和完整性将遭到破坏,产生各种大小不一的断裂,称为断裂构造。断裂构造的规模(深度、形态、错动大小)不等,差别很大,它是地壳中常见的地质构造,包括节理和断层两类。

1)节理

由于岩石受力而出现裂隙,但裂开面的两侧没有发生明显的(眼睛能看清楚的)位移,地质学上将这类裂缝称为节理(裂隙),如图1-2-17所示,它是很常见的一种构造地质现象。根据形成节理的力学性质不同,分为剪节理和张节理。

(1)剪节理:因地壳运动引起的剪应力作用而形成的断裂构造称为剪节理,如图1-2-18所示,其特点是裂缝平直、延伸方向稳定、裂隙面平整光滑。剪节理通常穿切岩石中的颗粒(发育于砾岩和砂岩等岩石中的剪节理,一般穿切砾和胶结物),有两组同时出现,相交呈X形,多为闭合性节理。

(2)张节理:岩层在地壳运动过程中受张拉应力作用产生的节理称为张节理,张节理在褶皱构造的核部最为发育,其特点是裂口稍长、断裂面粗糙不平、面上无擦痕。在胶结不甚坚实的砾岩或砂岩中,张节理常常绕砾石或粗砂粒而过,如果穿切砾石,破裂面会凹凸不平。张节理有时呈不规则树枝状、各种网络状,有时也追踪X形节理形成羽毛状张节理(图1-2-19)、单列或共轭雁列式张节理,有时也呈放射状或同心状组合形式。

图1-2-17 节理(裂隙)　　图1-2-18 剪节理　　图1-2-19 羽毛状张节理

节理(裂隙)的工程地质评价:

(1)节理(裂隙)破坏了岩体的完整性,使岩体的稳定性降低。

(2)节理(裂隙)为大气和水进入岩体内部提供了通道,加速了岩石的风化和破坏。

（3）节理（裂隙）会降低岩石的承载能力。

（4）节理（裂隙）常造成边坡的坍塌和滑动，以及造成地下洞室围岩的冒落。

（5）在挖方或采石中，节理（裂隙）的存在可以提高工作效率。

（6）节理（裂隙）是地下水的良好通道，对水文地质意义重大。岩石中节理（裂隙）的多少与规模大小，对岩石的承载力影响很大，这是工程地质研究中应特别重视的问题。

2）断层

岩层受构造应力作用发生断裂，沿断裂面两侧岩层发生了移动或明显错位的断裂构造称为断层。

（1）断层要素：断盘、断层面、断层线、断距、断层破碎带。

①断盘：指断层面两侧的岩体，位于断层面上方的称为上盘，位于断层面下方的称为下盘，如图1-2-20所示；处于上升运动的为上升盘，处于下降运动的为下降盘。

②断层面：指断层的破裂滑动面，如图1-2-20所示。

③断层线：指断层面与地面的交线，如图1-2-20所示。

④断距：断层上、下盘沿断层面发生相对位移的实际距离称为总断距；其在垂直方向上的相对位移称为垂直断距或落差；在水平方向上的相对位移称为水平断距或错距。

⑤断层破碎带：多数断层断裂面附近的岩石被构造应力挤碎，形成具有一定宽度的带状碎裂岩石，称之为断层带，如图1-2-20所示。

（2）断层的主要类型：正断层、逆断层和平移断层。

①正断层：断层上盘沿断层面相对向下移动，下盘相对向上移动。

②逆断层：断层上盘沿断层面相对向上移动，下盘相对向下移动。

③平移断层：断层的两盘沿断层面走向发生移动的断层，如图1-2-21所示。

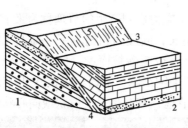
图1-2-20 断层要素图
1-下盘；2-上盘；3-断层线；4-断层带；5-断层面

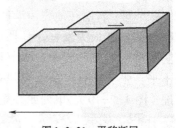
图1-2-21 平移断层

（3）断层的组合类型。断层往往成组出现，造成阶梯状构造、叠瓦状构造、地垒和地堑等各种复杂地质构造类型。

①阶梯状断层：是指一组产状大致相同的正断层，其各自的上盘依次下降，形成如阶梯状的断层组合，如图1-2-22所示。

②叠瓦状断层：由数条产状大致相同的逆断层组合而成，如图1-2-23所示。

③地垒和地堑：两条以上正断层，倾向相背、中间断盘相对上升，称地垒；断层倾向相对、中间盘下降，称地堑，如图1-2-24所示。

（4）断层的野外识别。在自然界，大部分断层由于后期遭受剥蚀破坏和覆盖，在地表上暴露得不清楚,因此,需根据地层、构造等直接证据和地貌、水文等方面的间接证据,来判断断层的存在与否及断层类型。

①断层的重复与缺失:在野外发现地层有不对称重复(褶皱为对称重复)或缺失现象,说明有断层存在,规律如表1-2-3所示。

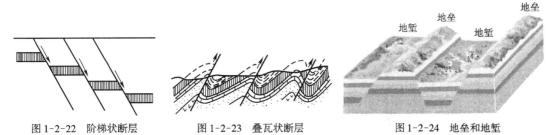

图1-2-22 阶梯状断层　　图1-2-23 叠瓦状断层　　图1-2-24 地垒和地堑

断层的重复与缺失的规律　　　　　　　　表1-2-3

断层倾向与岩层倾向的关系	正 断 层	逆 断 层
相反	重复	缺失
相同,且断层面倾角较大	缺失	重复
相同,且断层面倾角较小	重复	缺失

②构造线和地质体的不连续:任何线状或面状的地质体,如地层、岩脉、岩体、变岩质的相带、不整合面、侵入体与围岩的接触界面、褶皱的枢纽及早期形成的断层等,在平面或剖面上的突然中断、错开等不连续现象,是判断断层存在的一个重要标志。

③地形地貌标志:如地表断层带岩石破碎,容易风化剥蚀成冲沟;山脉延展方向错开;地形上的陡崖(断层崖)。地形地貌标志见表1-2-4。

地 形 地 貌 标 志　　　　　　　　表1-2-4

地形地貌	说明及图例	
负地形(低凹地带)	由于断层附近易风化、剥蚀(岩石破碎),以及长期的外力作用造成的,俗话说"逢沟必断"	
断层崖	大而陡的断层面出露呈陡崖状	
跌水瀑布	断层崖有流水便可成瀑布	

④水文标志：断层的存在常常控制和影响水系的发育，可引起表 1-2-5 中的现象。

⑤构造标志：断层两侧因受强烈挤压或拉张，常伴生、派生一些构造现象，如表 1-2-6 所示。

水文标志　　　　　　　　　　　　　　　　　　　　　　表 1-2-5

水文标志	河流遇断层面而急剧改向	断层切割含水层，地下水沿裂隙涌出，泉点常呈线状分布	岩石浸染、蚀变、矿化现象的带状分布
图例			

构造现象　　　　　　　　　　　　　　　　　　　　　　表 1-2-6

断层泥：断层两面三盘挤压摩擦（碾磨）的极细的泥状物	角砾岩：岩石断裂破碎，大小不等，棱角分明的碎块再胶结成岩，角砾与两侧岩性一致	擦痕、镜面和阶步： 擦痕——断面上平行而密集的沟纹，如下图所示； 镜面——断面上局部平滑光亮的面； 阶步——擦痕及镜面末端常出现的"坎"

（5）断层的工程地质评价。断层是在地球表面沿一个破裂面或破裂带两侧发生相对错位的现象。由于岩层发生强烈的断裂变动，导致岩体裂隙增多、岩石破碎、风化严重、地下水发育充分，从而降低了岩石的强度和稳定性，对工程建筑造成了不利的影响。主要表现为：

①跨越断裂构造带的建筑物，由于断裂带及其两侧上、下盘的岩性可能不同，因此易产生不均匀沉降。

②隧道工程通过断层时易发生坍塌，在断层发育地段修建隧道，是最不利的一种情况。由于岩层的整体性遭到破坏，加之地面水或地下水的侵入，其强度和稳定性都很差，容易产生洞顶塌落，从而影响施工安全。

③如果断层破碎带规模很大，或者施工穿越断层带时，会使施工十分困难。因此，在确定隧道平面位置时，要尽量设法避开断层带。

④断层构造地带沿断裂面附近的岩块因受强烈挤压而产生破碎，往往形成一条破碎带，因此，隧道工程通过断层时，必须采取相应的工程加固措施，以免发生崩塌。

⑤断裂带在新的地壳运动影响下,可能发生新的移动,从而影响建筑物的稳定,降低地基岩体的强度和稳定性。

⑥断层破碎带力学强度低、压缩性大,建于其上的建筑物由于地基的较大沉陷,易产生断裂或倾斜。

⑦断裂面对岩质边坡、坝基及桥基稳定性常有重要影响。

本任务小结

岩层产状是岩层在地壳中的空间方位,通过各产状要素来表示的。岩层在形成时,一般是水平的,在构造作用下,因受力发生弯曲,一系列褶曲连在一起组成褶皱,其规模不一、形态各异。这样构造虽然改变了岩石的原始形态,但岩石并未丧失其连续性和完整性。褶皱的不同形态和规模大小,常反映出当时地壳运动的强度和方式,它是地壳中最广泛的构造形式之一,几乎控制了地球上大型地貌的基本形态。

节理和断层破坏了岩层的连续性和完整性,并且断层带上往往岩石破碎,出现岩石易风化侵蚀的现象。

思考题

1. 岩层产状的含义是什么?都包括哪些要素?
2. 褶曲形态有哪些类型?其分类依据是什么?
3. 节理和断层有何异同?
4. 在野外如何识别断层?
5. 简述断裂构造和褶皱构造对工程建设的影响。

学习任务3 认识地貌

3.1 第四纪地质

第四纪是地球发展的最新阶段,它包括更新世和全新世。地球发展历史有43亿年以上,而第四纪却非常短促,约180万年。但在第四纪时期内,地球上进行着各种地质作用和显著的气候波动,哺乳动物的兴盛和新构造运动等,与人类的过去、现在和将来都有直接关系,而人类今天的活动反过来对第四纪自然地理条件的变化又起着重要影响。这些问题的研究,不仅可以加强对地质学基本理论的理解,同时具有很重要的实际价值。

3.1.1 第四纪地质一般特性

在第四纪时期内,地球上发生过强烈的地质活动。第四纪时期的特点是:在短暂的地质时期内，发生过多次急剧的寒暖气候变化和大规模冰川活动；哺乳动物的兴盛和新构造运动；人类及其物质文明的形成发展；显著的地壳运动；广泛堆积陆相沉积物和矿产；急剧和缓慢发生的各种灾害不断改变人类生存环境；人类活动的范围和强度与日俱增。

1）第四纪气候与冰川活动

第四纪气候冷暖变化频繁，气候寒冷时期冰雪覆盖面积扩大，冰川作用强烈发生，称为冰期。第四纪冰川不仅规模大而且活动频繁。根据对深海沉积物的研究，第四纪冰川作用有20次之多，而近80万年每10万年有一次冰期。

2）新构造运动

从新第三纪（中新世开始）以来发生的地壳运动称为新构造运动，相应的时代称为新构造时期。新构造运动是引起第四纪自然环境变化的一个主要因素，这一内力作用也引起一系列环境效应并影响地壳稳定性。新构造运动有水平运动（板块运动）、垂直运动、断裂运动、火山活动和地震等。新构造运动的作用积累效应造成大面积和大幅度地壳升降，可以改变部分下垫层性质，并对大气环流产生影响，对气候和环境变化有重要作用。例如青藏高原，由于印度板块向欧亚板块俯冲，使该区地壳从新第三纪以来加速隆升，发展成"世界屋脊"，进而破坏了中国西部气候的纬向分带而代之以垂直分带，成为影响中国和东亚气候与环境的重要因素。

3.1.2 第四纪沉积物的类型

1）残积物

出露地面的岩石经风化、剥蚀之后，其中一部分较大的颗粒尚未被搬移而残留于原处，这些残留于原处的岩石风化碎屑物质称为残积物。

残积物由于气候、岩石性质及地形等条件的差异，在不同地区是不同的。在干旱及半干旱气候区，其成分主要为碎石夹细砂及黏性土；在潮湿的温带，残积层多为黏性土夹碎石、砂；此外，在花岗岩地区分布有较厚（10~30m）残积层，物质成分则为由长石分解的黏土，夹有大量均布的石英砂；砂岩、页岩地区，残积物仍以黏土、砂为主；石灰岩地区，则是含碎石的红色、褐色黏土及粉质黏土。

一般说来，残积层的物质特征是：

（1）由黏性土或砂类土以及具有棱角状的碎石所组成；

（2）有较高的孔隙度，没有经过搬运、分选，无层理；

（3）厚度变化大，一般山坡上较薄，在坡脚或低洼处较厚。

残积物一般分布在基岩曾经出露地表面而又受到强烈风化作用的山区、丘陵及斜坡地的基岩顶部，如图1-3-1所示。其分布主要受地形的控制，在宽广的分水岭上（地表的径流速度很小，风化产物易保留）常堆积有较厚的残积物。由于其物质来源是基（母）岩，因而岩性及矿物成分很大程度与母岩一致。在纵深方向上，残积物与基岩没有明显的界线，经过一个基岩风化层而过渡到母岩体。

残积物的基本矿物与母岩相同，颗粒未被磨圆或分选，无层理。残积物一般以粗大颗粒为主，承载力相对较高，变形量较小。但残积物中孔隙占有很大的体积，且由于颗粒不均匀，常呈现出明显的不均质性。

2）坡积物

山坡上方的岩石风化产物在重力作用下被缓慢流动的雨、雪水流向下逐渐搬运，沉积在较平缓山坡上面形成的堆积物称为坡积物，如图 1-3-2 所示。由于坡积物围绕着山体分布，如同嵌在山体下的裙子，所以在地貌学上又称其为坡积裙。

坡积物的上部常与残积物相接，堆积的厚度也不均匀，一般上薄下厚。坡积物底面的倾斜度取决于基岩，颗粒自上而下呈现由粗到细的分选现象，其矿物成分与其下的基岩无关。作为地基时，坡积物易产生不均匀沉降，且极易沿下卧岩层面产生滑动面失稳，这些都需要在工程设计、施工中予以足够的重视。

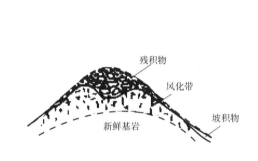

图 1-3-1　残积物示意图

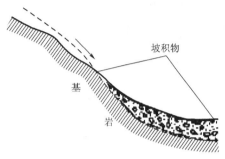

图 1-3-2　坡积物

3）洪积物

由暴雨或骤然融雪而汇集于山谷后形成的山洪急流具有强大的搬运能力，在山洪急流搬运下沉积于山谷冲沟出口或山前倾斜平原上而形成的扇形堆积物称为洪积物，如图 1-3-3 所示。

洪积物的分选作用较明显，离冲沟出口愈远，颗粒愈细。洪积物常呈现不规则的交互层理构造，有尖灭、夹层等产状。洪积扇的顶部（近山区）颗粒粗大、磨圆性差、透水性好，地下水位深，地层厚，常是优良的地基地层。

图 1-3-3　洪积物

洪积扇的前沿（远山区）沉积的主要是粉细砂、粉土、黏性土等细粒土。当该处地下水位浅、地势低洼时，在排水不畅处很容易形成盐碱地或沼泽地，其承载力低、压缩性高，属不良地基地层。但当泉水发育在洪积扇的中部时（地下含水层也常在泉水发育处尖灭），受形成过程中周期性干旱的影响，在临坡面大的远山区细颗粒土中，细小的黏土颗粒发生胶结作用，析出的部分可溶性盐类也发生胶结，使土体具有较高的结构强度。这种情况下的远山区洪积物也属较好的地基地层，但对布置在该处的工程项目，在建设中一定要做好地面的排水设施，以免地表水渗入地下，影响地基承载能力，或在地表汇流，造成地表边坡的冲刷、破坏。洪积扇的中部扇形展开得很宽阔，沉积的砾石、砂粒、粉粒和黏土颗粒都有，地层呈交互层理构造，一般属于较好的地基地层，但当有泉水发育时，往往形成宽广的沼泽地带，为不良地基地层。

4）冲积物

冲积物即河流冲积物，是被河流流水搬运，沉积于山间宽广的山谷地带和地壳相对下降的平原地区的堆积物，如图1-3-4所示，可细分为山区河谷冲积物和平原河谷冲积物。

图1-3-4 冲积物

山区河谷两岸陡峭，大多仅有河谷阶地存在，很少见有河漫滩出现。山区河谷冲积物多由含纯砂的卵石、砾石等组成，其分选性也较平原河谷冲积物差。山区河谷冲积物的透水性很大，抗剪强度高，压缩性差，是良好的地基地层，但在山区河谷地带进行工程建设时，必须考虑山洪和滑坡、崩塌等不良地质现象的发生。

平原河谷冲积包括平原河床冲积物、河漫滩冲积物、牛轭湖沉积物、湖积物和三角洲沉积物等。沉积历史、沉积环境、沉积物质不同的平原河谷冲积物，其工程性质差异巨大。

5）风积物

除温度、湿度和降水以外，风是重要的气候因素之一，它也发挥着很强的地质作用。风的地质作用表现为侵蚀（吹扬）、搬运和沉积三个方面，由于干旱和半干旱地区植被差，裸露在地表的岩石在白昼和夜晚的升温和降温过程中，反复胀缩并最终开裂破坏，碎裂的岩石碎块或岩屑物质在风力作用下吹扬起来，并在风力的作用下被搬运到其他地方。被风力搬运的介质也可以分为推移质和悬移质，其中，推移质颗粒沿着风向被搬运到不太远的地方沉积下来，分别形成戈壁和沙漠。

3.2 地貌学的特征

3.2.1 地貌概述

公路工程建设与地貌有着密切的关系。公路是建筑在地壳表面的线形建筑物，它常常穿越不同的地貌单元。在公路勘测设计、桥隧位置选择等方面，经常会遇到各种不同的地貌问题。因此，地貌条件便成为评价公路工程地质条件的重要内容之一。为了处理好工程建筑物与地貌条件之间的关系，提高公路勘测设计的质量，认识地貌十分重要。

1）地貌与地形

地貌学是指研究地壳表面的形态特征、成因、发展和分布规律的学科。地貌单元及地貌集合体随时间发生和发展的过程称地貌过程。地形是指地球表面起伏形态的外部特征。在测绘工作中，地形是地表起伏和地物的总称。地表形态起伏的高低与险峻的态势称为地势，一般用地形图表示。地形图即着重反映地表形态的普通地图。

2）地貌的形成

不同的地貌有着不同的成因，但概括地讲，地貌是由两种原因造成的，一是地球的内力作用，二是外力作用。所谓地球的内力作用是指由地球内部的热能、化学能、重力能及地球旋转能引起的作用，它主要包括地壳运动、岩浆作用、变质作用、火山和地震等。外力作用是指地壳表面以太阳能、重力能、日月引力能为能源，通过大气、水、生物等形成一系列地表作用过程。外力作用按外力性质主要分为如下几类：流水作用、地下水作用、波浪作用、冰川作用、风沙作用。这些外力作用在地貌形成上主要表现为风化、侵蚀、搬运和堆积作用，这四个方面的外力作用相互联系、不可分割。

地貌是内外营力共同作用的结果，内力作用造就地表的起伏，外力作用使地表原有的起伏不断降低变缓。地貌的形成不仅取决于内外营力作用类型的差异，而且还取决于内外营力过程的对比。

3）地貌形态

地貌形态，是以单个形态或形态组合的方式存在，包含地貌的高度和坡度。通常把地貌形态中较小、较简单的小地貌形态，如冲沟、沙丘、冲出锥等，称为地貌基本形态（图1-3-5）。我们把范围较大、包括若干地貌基本形态的组合体，称为地貌形态组合。

a）　　　　　　　　b）　　　　　　　　c）

图1-3-5　地貌基本形态

a）冲沟；b）沙丘；c）冲出锥

4）地貌分类

（1）按地貌形态分类。按地貌形态分为山地、高原、盆地、丘陵和平原。

①山地：山地海拔在500m以上，切割度大于200m。我国是山地众多的国家，拥有著名的喜马拉雅山、天山、昆仑山等。其中，喜马拉雅山山脉的最高峰珠穆朗玛峰，高达8 844.43m，为世界第一高峰。

②高原：高原是海拔在500m以上，广阔而平坦的大片高地。如我国的青藏高原、内蒙古高原和云贵高原。

青藏高原包括西藏和青海的全部，是我国面积最大的高原，如图1-3-6所示。青藏高原上的湖泊星罗棋布，高山终年积雪，冰川分布广泛。

内蒙古高原位于我国北部，是我国著名的天然牧场，如图1-3-7所示。内蒙古高原坦荡开阔，地面起伏和缓，广大地区海拔多在1 000m左右。

云贵高原位于我国西南部，其地势从西北向东南倾斜，平均海拔在1 000~2 000m，如图1-3-8所示。云贵高原上石灰岩分布很广，喀斯特地貌非常发育，石林、石芽、峰林等地貌随处可见。

图1-3-6　青藏高原　　　　图1-3-7　内蒙古高原　　　　图1-3-8　云贵高原

③盆地：盆地是低于周围山地相对凹下的地表形态。我国大型盆地都分布在西北内陆地区，著名的盆地有塔里木盆地、准噶尔盆地、柴达木盆地和四川盆地。

塔里木盆地是我国最大的内陆盆地。由于塔里木盆地地处内陆深处，地形封闭，气候极端干旱，植被稀疏，风蚀、风积作用特别强烈。塔克拉玛干沙漠位于塔里木盆地，是我国最大的沙漠，如图1-3-9所示。

准噶尔盆地位于天山和阿尔泰山之间，是我国第二大盆地，土尔班通古特沙漠位于准噶尔盆地，也是我国第二大沙漠。准噶尔盆地内草场辽阔，畜牧业发达，绿洲主要分布在靠天山的盆地南缘，如图1-3-10所示。

图1-3-9　塔克拉玛干沙漠

图1-3-10　准噶尔盆地

柴达木盆地地处青藏高原北部，盆地中分布着许多盐湖和盐沼，盐矿资源品种繁多，储量极为丰富，如图1-3-11所示。

四川盆地地处四川省东部，是我国典型的山间盆地，内部丘陵、低山多，海拔多在500m左右。四川盆地在形成的过程中，周围山地、高原的细砂和泥土被流水冲积到盆底，含铁、磷、钾的物质经过氧化变成紫红色，所以又称"紫色盆地"，如图1-3-12所示。

图1-3-11　柴达木盆地

图1-3-12　四川盆地

洼地是海拔低于海平面的内陆盆地，如新疆吐鲁番盆地，其最低部分的艾丁湖面海拔 -155m，是全国最低的洼地，其北部的博格达山海拔3 500~4 000m，最高的博格达峰海拔5 445m，二者高差为5 600m，距离仅有150km左右。

④丘陵：山地海拔高度不超过500m，相对高度一般在100m以下，地势起伏，坡度和缓。我国的丘陵主要有广西丘陵、闽东沿海丘陵。

⑤平原：平原是地势低平坦荡、面积辽阔广大的陆地。根据平原的高度，把海拔0~200m的称为低平原，如我国东北平原、华北平原、长江中下游平原；把海拔高于200m

的称为高平原，如我国的成都平原。

（2）按地貌成因分类。我国地貌类型复杂多样，主要表现为：在内陆干涸地区，有以风力作用为主的沙漠和戈壁地貌，约占全国面积的13.8%，其中95%以上的沙漠和戈壁地貌位于内蒙古、宁夏、青海等少数民族聚居地区。

①在西部高山地区，现代冰川覆盖面积达537万平方公里；在大兴安岭、青藏高原以及天山、阿尔泰山和祁连山等地区，多年冻土分布面积有215万平方公里。

②在广西、贵州和云南东部出露大面积的碳酸盐类岩石，面积约占全国同类岩石的42%。在湿热气候条件下，岩溶作用强烈，发育了典型的喀斯特地貌。

③在黄土高原边缘的民族地区，西起湟水流域，经六盘山麓、鄂尔多斯高原，东止西辽河流域的广大范围内，堆积的黄土经流水作用，侵蚀发育了现代的各种黄土地貌。

④在长白山、大兴安岭、内蒙古高原东部以及滇东、黔西、桂西有广泛的玄武岩喷发，形成熔岩地貌。如长白山峰顶的天池就是一个火口湖，在内蒙古锡林郭勒盟北部和中部散布着348座死火山。

地貌成因分类见表1-3-1。

地貌成因分类　　　　　　　　　　　　　表1-3-1

地貌类型		成因类型	地貌形态
内生地貌	构造地貌	由构造运动所形成的地貌	单面山、断块山、构造平原等
	火山地貌	由火山喷发作用所形成的地貌	火山锥、熔岩盖等
外生地貌	流水地貌	由地表流水所塑造的地貌	冲沟、河谷阶地、洪积扇等
	岩溶地貌	由水溶蚀作用所形成的地貌	石林、溶洞等
	冰川地貌	由冰川作用所形成的地貌	冰斗、角峰等
	风沙地貌	由风的地质作用所形成的地貌	风蚀谷、沙丘等
	重力地貌	不稳定的岩土体在重力作用下形成的地貌	崩塌、滑坡等

5）地貌分级

（1）巨型地貌：巨型地貌即地球上的大陆和洋盆，是高度上具有显著差异的两类地貌，它们由内力作用形成。

（2）大型地貌：陆地上的山岳、平原、大型盆地，洋盆中的海底山脉、洋脊和海底平原等属于大型地貌。

（3）中型地貌：它是大型地貌内的次一级地貌，如山岳地形中的分水岭山地、山间盆地，平原中的分水地区和河谷区等。其成因不完全取决于内力地质作用，外力地质作用在很大程度上塑造了中型地貌。

（4）小型地貌：小型地貌是中型地貌的各个组成部分，是一些地貌基本形态和较小的地貌形态的组合，例如山脊、谷坡和河谷等。它们的形态特征，主要取决于外力地质作用，并受到岩性影响。

3.2.2 地貌单元

地球上的大陆表面可以划分为两大基本类型，即山地地形和平原地形，丘陵地形可归入山地地形，而宽广平展的高原地形可归入平原地形。

1）山地地貌

山是地面上被平地围绕的、与其周围平地的交界处有明显坡度转折的孤立高地，由山麓、山坡和山顶组成；山岭是具有陡峭的山坡和明显的分水线的绵延较长的高地，山岭的顶部叫山脊；山脉是向一个方向延伸的山岭系统，它由许多条山岭和夹在山岭之间的沟谷组成；由许多山脉组成的更大规模的高地称为山系。

（1）山地按地质成因和构造形式分类。

①单斜山：单斜山即组成山体的各岩层单向倾斜。其中，坚硬岩层通常称为单斜山，而沿软弱岩层发育的谷地称为单斜谷。单斜山包括单面山和猪背山。

a. 单面山：在单斜构造地区，岩层倾角较缓，软硬相间，受侵蚀切割后，软岩层被蚀成谷地，硬岩层凸露成山岭，即单面山山体延伸方向与构造线一致，山脊往往呈锯齿形，两坡明显不对称。一般较缓、与岩层的倾斜方向一致的一侧为构造坡（后坡），较陡、与岩层的构造面不一致的一侧为剥蚀坡（前坡）。单面山如图1-3-13所示。

b. 猪背山：单斜山两侧都陡峻，构造坡和剥蚀坡的坡度与坡长相差不大，如图1-3-14所示。

图1-3-13 单面山

图1-3-14 猪背山

工程评价：单面山的前坡，由于地形陡峻，若岩层裂隙发育，风化强烈，则易发生崩塌，且其坡脚常分布有较厚的坡积物和倒石堆，稳定性差，故对敷设线路不利。单面山的后坡由于山坡平缓，坡积物较薄，所以常是敷设线路的理想部位。但在岩层倾角大的后坡上深挖路堑时，如果开挖路堑与岩层倾向一致，会因坡脚开挖而失去支撑，尤其是当地下水沿着其中的软弱岩层渗透时，易产生顺层滑坡。

②断块山：断块山是由断裂变动所形成的山地，它可能只在一侧有断裂，也可能两侧均由断裂所控制。断块山地的山麓地带发育断层崖、断层三角面，如图1-3-15所示。

工程评价：断块山地影响河谷发育。断块翘起的一坡河谷切割深，谷坡陡，谷地横剖面呈V形峡谷，纵剖面坡度大，多跌水、裂点。在断块缓倾掀起的一坡，沟谷切割较浅，谷地较宽，纵剖面较缓。断块山地的断层活动常使阶地错断变形。

③褶皱山：褶皱山是地表岩层受垂直或水平方向的构造作用力而形成岩层弯曲的褶皱

构造山地。在新构造运动作用下形成的高大褶皱构造山系是褶皱地貌中最多的类型，如图1-3-16所示。

图1-3-15　断块山　　　　　　　　　图1-3-16　褶皱山

（2）岩浆喷发形成的山地地貌。岩浆喷发有多种形式，概括起来主要有中心喷发和裂隙喷发。不同的喷发形式可以形成不同的地貌现象。

①中心式喷发形成的地貌：地下岩浆通过管状火山通道喷出地表，主要表现为火山，如图1-3-17所示。根据喷出物的黏性可将火山分为：低平火山、盾状火山、锥状火山。

②裂隙式喷发形成的地貌：岩浆沿着地壳上巨大裂缝溢出地表，如图1-3-18所示。这类喷发没有强烈的爆炸现象，喷出物多为基性熔浆，冷凝后往往形成覆盖面积广的熔岩台地。如分布于我国西南川滇黔三省交界地区的二叠纪峨眉山玄武岩和河北张家口以北的第三纪汉诺坝玄武岩都属裂隙式喷发。

图1-3-17　中心式喷发　　　　　　　图1-3-18　裂隙式喷发

火山对人类的影响：火山爆发时喷出的大量火山灰和火山气体会遮住阳光，导致气温下降。并且，火山爆发喷出的大量火山灰和暴雨结合形成泥石流能冲毁道路、桥梁，淹没附近的乡村和城市，使得无数人无家可归。泥土、岩石碎屑形成的泥浆可像洪水一样淹没整座城市。

（3）垭口与山坡。在山区公路勘测中，需要解决选择过岭垭口和山坡展线的问题。

①垭口：山岭垭口是在山地地质构造的基础上经外力剥蚀作用而形成的，如图1-3-19所示。根据垭口形成的主导因素，可以将垭口分为：

a. 构造型垭口：是由构造破碎带或软弱岩层经外力剥蚀作用而形成的垭口。

b. 剥蚀型垭口：是以外力强烈剥蚀为主导因素所形成的垭口。

c. 剥蚀—堆积型垭口：是以剥蚀和堆积作用为主导因素所形成的垭口。

选择过岭垭口时，一般选择松散覆盖层薄、外形浑圆宽厚的垭口通过；对岩性松软、风化严重、稳定性差的垭口，不宜深挖，多以低填或浅挖的断面形式通过。

②山坡：山坡是山地最重要的组成部分。公路路线绝大部分都设在山坡或靠近岭顶的斜坡上，如图1-3-20所示。山坡的类型，见表1-3-2、图1-3-21。

图1-3-19 垭口

图1-3-20 公路路线设在山坡上

山坡的类型　　　　　　　　　　　　　　　表1-3-2

按山坡的形状轮廓分类	按山坡的纵向坡度分类
直线形坡：岩性单一的山坡，其稳定性较高；单斜岩层构成的山坡，在开挖路基时应注意是否会发生大规模的顺层滑坡；经剥蚀碎落和坡面堆积而形成的山坡，其山坡稳定性最差	微坡：坡度小于15°
凸形坡：山坡上缓下陡，坡度渐增，下部甚至呈直立状态，其稳定性取决于岩体结构，一旦发生坡体变形破坏，则会形成大规模的崩塌或滑坡	缓坡：坡度介于16°~30°之间
凹形坡：山坡上陡下缓，下部急剧变缓，可能是古滑坡的滑动面或崩塌体的依附面；其稳定性为所有山坡类型中较差的一种	陡坡：坡度介于31°~70°之间
阶梯形坡：由软硬岩层差异风化形成的山坡，其稳定性较高；滑坡变形造成的山坡，施工时应小心，不合理的切坡将引起古滑坡"复活"；由河流阶地组成的山坡，其工程地质性质取决于河流堆积物的厚度	垂直坡：坡度大于70°

图1-3-21 山坡

2）流水地貌

流水地貌是地表流水作用形成的地貌。地表的流水作用可以根据其特征的差异分为坡面流水作用和河流流水作用。

（1）坡面流水作用。

①片流和细流的地质作用。

a.片流（坡流、面流）：在降雨或融雪时，地表水一部分渗入地下，其余的沿坡面向下运动。这种暂时性的无固定流槽的地面薄层状、网状细流称为片流，如图1-3-22所示。片流搬运的物体在坡麓堆积下来，形成坡积物的过程称为堆积作用。

b.细流：细流是指片流向下流动时受到坡面上风化物的影响，便会出现一些细小的侵蚀沟——纹沟和细沟，如图1-3-23所示。

图1-3-22 片流

图1-3-23 细流

纹沟是由细小的网状流水侵蚀而成，流路经常变化，没有明显的沟缘，其纵剖面与坡面的坡度一致。

细沟是由坡地上的细股水流侵蚀而成，宽度与深度相等或略大于深度，有固定的位置，纵剖面的坡度与坡地坡度基本一致，没有明显的沟缘。

c.坡积物的特点：成分为岩屑、矿屑、砂砾或矿质黏土，与坡上基岩密切相关；碎屑颗粒大小混杂，棱角分明、分选性差，层理不明显。

②洪流的地质作用。

a.沟谷侵蚀地貌。

ⓐ洪流：坡流逐渐集中汇成几段较大的线状水流，再向下汇聚成快速奔腾的洪流，如图1-3-24所示。洪流猛烈冲刷沟底、沟壁的岩石并使其遭受破坏，称为冲刷作用。

冲刷作用将坡面凹地冲刷成两壁陡峭的沟谷。多次冲刷两侧形成许多小冲沟，共同构成了冲沟系统。当冲沟下切到地下水面时，便形成了小溪。

图1-3-24 洪流

ⓑ冲沟：是由下切能很强的水流侵蚀而成的，深度较大，长度多在数千米至数十千米，其纵剖面的坡度与坡地的坡度不一致，多呈下凹形态，如图1-3-25所示。其深度有时大于宽度，横剖面呈V形，溯源与下切能力很强。

b. 沟谷堆积地貌（洪积扇）。由暂时性的沟谷水流搬运的大量碎屑物质在沟谷出山口后，由于坡度的变化，水流的挟沙力降低而沉积下来形成的堆积物称为洪积物。其形成的地貌多呈扇形，称为冲出堆和洪积扇，如图 1-3-26 所示。冲出堆和洪积扇在成因上没有什么显著差异，仅仅在规模和大小上不同，小型的沟谷谷口堆积地貌体称为冲出堆，较大的称洪积扇。

图 1-3-25 冲沟

图 1-3-26 洪积扇

根据洪积相的物质组成与分布特征，可将其分为以下三个组成部分：

ⓐ 扇顶相：砾石组成，含砂透体，有层理，分选性较差，磨圆较差。

ⓑ 扇中相：主要由砂、粉砂、亚黏土组成，含细砂透镜体，有清楚的层理。

ⓒ 扇缘相：主要由细的亚黏土、黏土和部分粉砂组成，层理清晰，由于地下水的出露，常为干旱地区的绿洲所在之地。

（2）河流流水作用。根据水流的内部结构，可将其分为层流与紊流两类。

层流：流动的水质点彼此平行地匀速运动，上下层水质点之间保持着恒定的流动方向，相互不发生干扰，即上下层水质点没有交换，不存在垂直于水流方向的作用力，故它很难对地面的泥沙进行侵蚀。

紊流：流动的水质点做不规则的漩涡运动，上下层水质点存在交换，相互发生干扰。紊流漩涡是因为上下各层水流流速的不同引起的，漩涡的出现使得水流具有垂直向上的运动分量，故对水流的侵蚀和搬运作用有重要意义。

根据水流方向，可将其分为河道环流与螺旋流两类。

横向环流河道水流除向下游运动外，还存在垂直于主流方向的横向流动，表层的横向水流与底部的横向水流方向相反，这样，在过水断面上就形成一个闭合的流动系统，如图 1-3-27 所示。

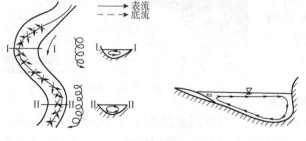

图 1-3-27 横向环流

a) 河流横向环流；b) 河曲处横向环流断面图

螺旋流横向闭合的水流运动与纵向上的水流运动结合在一起，就形成了一种螺旋状前进的水流。

① 河流的侵蚀作用。河流的侵蚀作用主要发生于河流的上游，在河流的中游也有发生。在河流的上游，由于地面及河床坡降大、河床

窄、水流急，流域（河流的流域是河流及其大小支流系统汇水面积的总和）地表的侵蚀（地表水汇入沟谷之前对地表的洗刷作用和汇入沟谷后的冲刷作用，即所谓的水土流失）和河床的侵蚀（下切为主，侧向冲刷为辅）都很严重。受水流流动方向的影响，河流中段的侧向淘刷发生在河流的凹岸，而沉积则发生在凸岸，这也是河曲地貌产生的原因。一旦河流弯曲，凹岸不断被淘蚀，而凸岸不断沉积，河流变得愈来愈弯曲，如图1-3-28所示。

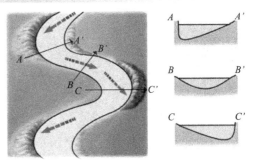

图1-3-28 河流的侵蚀作用

河流能否发生侵蚀不仅取决于其流速的大小，而且还取决于河流本身所携带泥沙的多少。

流水的侵蚀方式主要有两种：下切侵蚀（下切）和侧方侵蚀（侧蚀）。下切侵蚀主要是通过底部辐射型的双向环流来完成的，使得河流不断加深。侧方侵蚀主要是通过单向环流和底部辐聚型的双向环流来完成的。下切侵蚀与侧方侵蚀并不是分离开进行的，它们是同时进行的。河曲不断扩大，便形成牛轭湖，如图1-3-29所示。

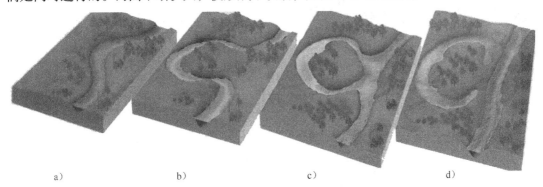

图1-3-29 牛轭湖的形成过程

a）河流出现弯曲；b）河流凹岸侵蚀凸岸堆积；c）凸岸的河曲连通；d）牛轭湖开成

②流水的搬运作用。流水对地表岩石和土进行侵蚀，对地表松散物质以及水溶解的物质进行搬运，最后由于流水动能的减弱又使其搬运物质沉积下来，这些作用称为流水搬运作用。流水的搬运作用主要有如下几种方式：

a. 推移：流水使河床泥沙或砾石沿地面滚动或滑动的移动方式称为推移。

b. 跃移：以跃移方式被搬运的物质称为跃移质。

c. 悬移：以悬移方式被搬运的物质称为悬移质。

d. 溶移：以溶解方式被搬运的物质称为溶移质。

③河流的沉积作用。在覆盖于地表的第四纪沉积物中，河流搬运沉积的堆积物分布面积最大。在河流的下游，洪水季节会在河床两侧的河漫滩沉积砾石、泥沙等物质；枯水季节，河流流水不断地冲刷凹岸，水流撞击凹岸后形成横向环流，冲刷物质被带到凸岸沉积下来。在河流的下游，由于河床沉积物的增厚以及河道反复改道，于是在河流的下游形成了宽广的冲积平原。

（3）河谷地貌。

由河流在地面上沿着狭长的谷地流动，此谷地称为河谷，如图1-3-30所示。

①河谷要素：由谷坡、谷底、河床、河曲、河漫滩、阶地、牛轭湖等小的地貌单元构成，如图1-3-31所示。

a.谷坡：是高出于谷底的河谷两侧的坡地。

b.谷底：是河谷的最低部分，地势一般比较平坦。

c.河床：是经常性水流所占据的河道。

d.河漫滩：河床两侧高出平均水位之上，常被洪水淹没，枯水期又露出水面的平坦开阔地带称为河漫滩。

e.河曲：又称曲流或蛇曲，即蜿蜒曲折的一段河道，其凹岸被冲蚀，凸岸沉积。

f.牛轭湖：随着河曲的发展，河道发生截弯取直，河流改道时弃置的一段旧河曲称为牛轭湖。

图1-3-30 河谷地貌图

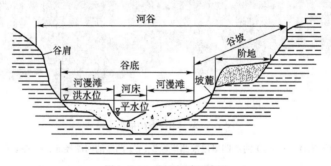

图1-3-31 河谷要素示意图

②河流阶地的类型。阶地是在地壳反复升降和河流沉积、冲蚀作用交替进行过程中形成的，位于河床两侧的台阶状高地，沿着谷坡走向呈条带状分布或断断续续分布的阶梯状平台，如图1-3-32所示。阶地有多级时，从河漫滩向上依次为一级阶地、二级阶地、三级阶地等。

通常情况下，阶地面有利于布设路线，但并不是所有的河流或河段都有阶地，由于河流的发展阶段以及河谷所处的具体条件不同，有的河流或河段并不存在阶地。

一般可将河流阶地划分为侵蚀阶地、基座阶地、堆积阶地三大类型。

a.侵蚀阶地：是由基岩构成，一般阶地面较窄，没有或零星有冲积物，阶地崖较高（如图1-3-33中Ⅲ所示），形成于构造抬升的山区河谷中。

b.基座阶地：阶地面上为冲积物，阶地崖下部可见到基岩（如图1-3-33中Ⅱ所示），说明河流下蚀的深度大于原生沉积物厚度，其反映了后期构造上升较大的特点。

c. 堆积阶地：全部由冲积物构成，无基岩出露（如图1-3-33中Ⅰ所示）。

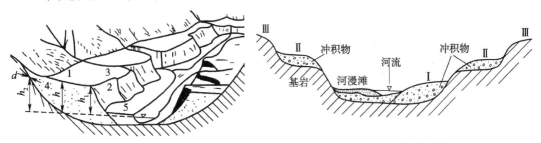

图1-3-32　河流阶地
1-阶地面；2-阶坡（陡坎）；3-前缘；4-后缘；5-转脚

图1-3-33　河流阶地类型
Ⅰ-堆积阶地；Ⅱ-基座阶地；Ⅲ-侵蚀阶地

3）冻土地貌

（1）由于温度的周期性变化引起冻土反复融化和冻结，从而导致土体岩体遭受破坏、扰动、变形甚至移动，称为冻融作用。冻土地貌是高寒地区主要的地貌，如图1-3-34所示。塑造营力表现为三种形式：冰冻风化、冰冻扰动和融冻泥流。

（2）石海、石河。

①石海。基岩经剧烈的冻融风化破坏产生大量的巨石、角砾，它们就地堆积在平坦的地

图1-3-34　冻土地貌

面上所形成的满布石块的地形。富有节理、硬度较大的块状基岩是形成石海的物质基础，严寒而温差较大是其形成的气候条件。

②石河。山坡冻融崩解产生的大量碎屑充塞、滚落到沟谷中，由于厚度加大，在重力作用下沿湿润土层表面发生整体运动，这种运动的石块群体即称为石河。其运动速率较低。

（3）构造土（冰冻结构土）。构造土是由松散沉积物组合成的地表土，因冻裂作用和冻融分选作用形成的网格式地面，每一单个网眼都呈近似对称的几何形状，如环状、多边形。按其组成成分和作用性质的差异，可分为两类：泥质构造土、石质构造土。

①形成过程：包括垂直分选作用、水平分选作用，一般形成于地势平坦地区。由于大小砾石抬升快慢不同，可形成大石环内有小石环的现象。

②形成条件：有一定比例的细粒土、充足的水分。

③形成时间：在大雪山的观测表明，砾土埋下2cm，一个月即被抬出，侧向移动2~5cm。

4）风沙地貌

（1）风沙地貌（干旱区地貌）。在干旱地区，日照强烈，昼夜温差大，降水变化率大，植被稀疏，地表裸露，风大而频繁。因此，地表径流贫乏，流水作用微弱，代之而来的是物理风化盛行，风沙作用强烈，在风沙作用下形成了一系列独特的地貌现象。当然，风沙作用并不局限于干旱地区，在半干旱地区，大陆冰川的外缘，甚至在温润气候带植被稀少的海岸、湖岸和河岸也都会出现。风沙地貌如图1-3-35所示。

图1-3-35 风沙地貌

①干旱区的降雨少，年降水量小于年蒸发量，降水不能满足一般作物或植物生长所需。

②干旱区的分布。在我国，干旱区是一条弧形条带绵亘于西北、华北北部和东北部、西部地区，总面积逾71万km^2。其中，干旱的沙质荒漠约60万km^2，约占干旱区面积的84.5%，主要分布于新疆、甘肃、青海、宁夏和内蒙古西部；半干旱地区有11万km^2左右，主要分布于内蒙古东部、陕西北部和东北三省的西部。

（2）风蚀地貌。风蚀地貌包括风棱石、石窗（风蚀壁龛）、风蚀蘑菇和风蚀柱、风蚀垄槽（雅丹地貌）（图1-3-36）、风蚀洼地、风蚀谷地与风蚀城堡等。

（3）风积地貌。风搬运的沙土物质，在一定条件下堆积下来形成的各种地貌称为风积地貌。沙丘是风沙堆积作用形成的基本地貌类型，其形态多种多样。沙丘的形成取决于风、水文、植被、地形等多种因素，但风是最根本的。

①沙堆：沙堆是一种特殊的沙丘形态。它主要是风沙流遇到障碍物（灌丛、地形变化）时，风速减弱，大量沙粒堆积在植物根部形成的。蝌蚪状沙丘是沙堆形成的最初形态。

②新月形沙丘：该类型沙丘在平面上呈月牙形，交伸向前的两个角成为沙丘的两翼，两翼之间的夹角成为新月形沙丘的开张度，开张度的大小与风速的大小有关，风速越大，开张度越小。这种沙丘一般不太大，长度多在3~8m，很少超过15m。典型的新月形沙丘多零星分布在沙漠的边缘地区，如图1-3-37所示。

图1-3-36 雅丹地貌

5）黄土地貌

（1）黄土的概念：在干旱和半干旱的荒漠草原和稀树森林草原环境中，经风沙搬运沉积的粉尘物质，在生物化学作用下形成的无层理、黄色粉质、富含碳酸盐并具有大孔隙的土状物质称为黄土。

（2）黄土的特征为：①呈灰黄色或棕黄色；②质地均一，以粉沙颗粒为主（0.05~0.005mm），占总质量的50%以上；③结构疏松、多孔隙；④无沉积层理；⑤富含$CaCO_3$，达10%左右；⑥垂直节理发育；⑦湿陷性强。由于黄土比较疏松，具有独特的性质，流水对其侵蚀作用十分显著，因此造成以黄土高原为代表的黄土地区水土流失极为严重。黄河具有极高的含沙量，据统计，黄土高原每年每平方公里土的侵蚀量为 200~30 000t，相当于地表冲刷深度 0.01~2cm/年。每年带入黄河的泥沙量为 16 亿 ~18.8 亿 t，严重影响了工农业生产和黄河的稳定性。

（3）分布：我国的黄土地貌（图 1-3-38）主要分布在山西、陕西、甘肃及其邻近省区，形成广阔的黄土高原，面积达 63.5 万 km^2，厚度在 100m 以上。在兰州附近，黄土厚度最高可达 318m。除黄土高原以外，在我国的新疆、东北及长江下游也有黄土零星分布。

图 1-3-37　新月形沙丘

图 1-3-38　黄土地貌

（4）黄土的性质与结构。

①性质：多孔性，孔隙率在 40%~50%；透水性；湿陷性。

②结构：粒状结构，聚集体结构。

（5）黄土地貌主要有以下几种类型：

①黄土塬：黄土高原经现代沟谷分割后存留下来的高原面，即塬。塬面平坦，边缘地带平均坡度小于 5°，水土流失轻微，它是由比较平坦的古地形面经风蚀作用而成。

②黄土墚：长条状的黄土丘陵，长几百米至数十公里，宽度仅几十米到数百米，其脊线起伏较小，横剖面成穹形，坡度为 20° 左右。墚的形成，或是基底控制，或是流水侵蚀，如图 1-3-39 所示。

③黄土峁：孤立的黄土丘为黄土峁，呈圆穹状，峁坡为凸形坡，坡度在 20° 左右，两个峁之间的鞍形地面称墕，由黄土墚侵蚀演变而成。孤立峁或者是黄土堆积过程中侵蚀形成，或者是受黄土下伏基岩面形态控制生成。

④黄土沟谷：有细沟、浅沟、切沟、悬沟、冲沟、坳沟（干沟）和河沟 7 类，如图 1-3-40 所示。它是由墚、峁坡地水流从分水岭向下坡汇集、侵蚀而成。

⑤黄土潜蚀：是流水由地面径流沿着黄土中的裂隙和孔隙下渗进行潜蚀，破坏了黄土的原有结构或使土粒流失、产生洞穴，最后引起地面崩塌所形成的。黄土潜蚀洞穴如图 1-3-41 所示。

⑥黄土柱：为黄土沟边的柱状残留土体，由流水不断地沿黄土垂直节理进行侵蚀和潜蚀以及黄土的崩塌作用形成，有圆柱状、尖塔形，高度一般为几米到十几米，如图 1-3-42 所示。

图 1-3-39 黄土墚

图 1-3-40 黄土沟谷

图 1-3-41 黄土潜蚀洞穴

图 1-3-42 黄土柱

6）海岸地貌

在波浪、潮汐、海流等海洋动力作用下，海岸带要发生侵蚀，同时也要发生堆积，如图 1-3-43 所示，这样就会塑造出许多海岸地貌形态，主要有海蚀地貌和海洋堆积地貌。这里主要介绍海岸侵蚀地貌，即海蚀地貌。

海蚀地貌的基本形态一般都是暴风浪作用的产物，普通的波浪仅起着经常的修饰作用。

（1）海蚀作用。

①冲蚀作用。波浪水体直接对海岸的冲击、拍打，称为冲蚀作用。在水深较大的海岸，外来的波浪可直接到达岸边，其能量主要消耗在对海岸的冲击上。波浪对海岸的冲蚀作用不仅是由于水体本身的巨大压力，而且还由于波浪卷入的空气被压缩造成的强大破坏力。

②磨蚀作用。波浪冲蚀海岸形成许多碎屑物质，这些碎屑物质加入水体后不仅加强了波浪的冲蚀作用，而且可以造成对海岸的磨损，形成磨蚀作用。

图 1-3-43 海岸地貌

③溶蚀作用。由于海水内含有多种化学物质，它具有比淡水更高的溶解矿物的能力，因此，海水对含有易溶矿物的岩石还具有很强的溶蚀能力。

（2）海蚀地貌类型。

①海蚀岸；

②海蚀台（平台）和海蚀阶地；

③海蚀穴和海蚀沟；

④海蚀拱桥；

⑤海蚀柱。

本任务小结

第四纪是包括现在在内的地质历史的最新时期。第四纪气候冷暖变化频繁，冰川活动强烈。第四纪松散沉积物的成因类型主要有：残积物、坡积物、洪积物、冲击物、风积物。它们各自有不同的特征和工程性质。

地貌是人类工程建设活动中不可忽视的因素，地貌条件与公路工程建设更是密切相关。由于公路是地表的线形建筑物，一条公路常常要穿越不同的地貌区，在公路勘测设计、选线，桥涵、隧道等位置的选择方面，都会遇到各种不同的地貌问题，因此，地貌条件是评价公路工程地质条件的重要内容。

思考题

1. 试比较残积物和坡积物的异同。
2. 试比较冲积物和洪积物的异同。
3. 河流蛇曲发育阶段公路布线应注意哪些问题？
4. 试述冲沟的发育阶段及公路工程在冲沟发育的不同阶段布线应注意的问题。
5. 河流阶地对公路工程的测设有何意义？在不同阶地面上布设公路应注意哪些工程地质问题？

学习任务4　认识地下水

4.1　地　表　水

4.1.1　自然界的水

1）自然界的水的存在形式

自然界的水以气态、固态和液态三种不同的形式存在于大气层、地表和地表以下的岩土孔隙、裂隙和空洞中，并分别被称为大气水、地表水和地下水。

（1）大气水：是以云、雾、雨、雪和冰雹等形式存在于大气层中的水分。降落到地壳表面上时，称为大气降水。

（2）地表水：以液态或固态的形式存在于江河、湖泊、海洋、南北两极以及高山地区的水，称为地表水。

（3）地下水：是以固态、液态或水汽式存在于岩石以及土的裂隙、孔隙和空洞中的水。

人类赖以生存和活动的是大陆水，陆地上的水主要为地表水和地下水，其水的组成见图 1-4-1。

2）自然界水的循环

自然界水的比例大略为大气水：地下水：地表水 = 1∶10∶100 000，但它们之间并非相互独立，而是有着密切的关系并不断运动和变化的。在太阳的辐射下，地表水从河流、湖泊、海洋等地表水表面蒸发成水汽进入大气，被上升的气流带到空中并随大气一起流动；在适当的条件下，大气中的水汽会凝结成液态（雨）或固态（雪、冰雹），在地球的重力作用下降回到地面上；降落到地面上的大气降水中的一部分顺地面流动，汇入江河、湖泊和海洋成为地表水，另一部分降水则通过岩土体的裂隙、孔隙下渗，并在一定的岩土层中集聚起来成为地下水；地下水中的一部分会在太阳的辐射作用下或从岩土体的裂隙和孔隙中直接蒸发，或通过植物的叶面蒸发，重新回到大气中成为大气水，另一部分在重力作用下沿岩土体的裂隙、孔隙渗流，以地下径流的形式或直接流入大海，或在适当的条件下以泉水的形式流出地表再汇入江河、湖泊、海洋成为地表水。大气水、地表水和地下水的这种不间断地运动和变化，称为自然界水的循环，如图 1-4-2 所示。自然界的水就是在上述循环过程中不断运动转化着，永无休止。

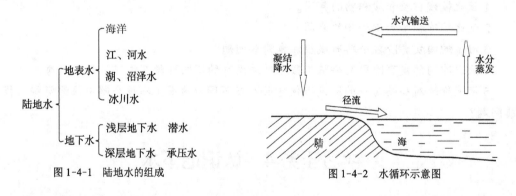

图 1-4-1　陆地水的组成　　　　　　　　图 1-4-2　水循环示意图

4.1.2　地表水概述

地表水是指存在于地壳表面，暴露于大气的水，是海洋、冰川、江河、湖泊等水体的总称，亦称"陆地水"。它是人类生活用水的重要来源之一，也是各国水资源的主要组成部分。

1）河流

我国大小河流的总长度约为 42 万 km，径流总量达 27 115 亿 m³，占全世界径流量的 5.8%。冬季是中国河川径流枯水季节，夏季则为丰水季节。

2）冰川

我国冰川的总面积约为 5.65 万 km^2，总储水量约 29 640 亿 m^3，年融水量达 504.6 亿 m^3，多分布于江河源头。冰川融水是我国河流水量的重要补给来源，对西北干旱区河流水量的补给影响尤大。

3）湖泊

我国湖泊的分布很不均匀，$1km^2$ 以上的湖泊有 2 800 余个，总面积约为 8 万 km^2，多分布于青藏高原和长江中下游平原地区。其中，淡水湖泊的面积约为 3.6 万 km^2，占总面积的 45% 左右。

4）沼泽

我国沼泽的分布很广，仅泥炭沼泽和潜育沼泽两类面积即达 11.3 万余平方公里，三江平原和若尔盖高原是我国沼泽最集中的两个区域。

4.2 地下水的基本概念

4.2.1 地下水概述

地下水是构成水圈的重要水体之一，其水量仅次于海洋，约为地球上各种水体总量的 4.1%。地下水是水资源的重要组成部分，对社会经济发展具有重要意义。在世界范围内，地球上水的总储量中，海水占 97.3%，淡水只占 2.7%。淡水资源中，冰山、冰川水占 77.2%，地下水和土壤中水占 22.4%，湖泊、沼泽水占 0.35%，河水占 0.01%，大气中水占 0.04%。由此可见，地下水分布很广，与人们的生产、生活和工程活动的关系也很密切。地下水水质好，分布广，供水延续时间长，因此，是可贵的供水水源。

然而，地下水的活动不仅对岩石和土产生机械破坏，而且其作为一种溶剂还会对岩石产生化学侵蚀，尤其是对可溶性岩石的溶蚀作用十分强烈。由于地下水的活动，能使土体和岩体的强度和稳定性削弱，以致产生滑坡、地基沉陷、道路冻胀和翻浆等不良现象，给公路工程的建设和正常使用造成危害；同时，地下水含有不少侵蚀性物质，它们中所含有的 CO_3^{2-}、Cl^-、SO_4^{2-} 会对混凝土产生化学侵蚀作用，使其结构产生破坏。在公路工程的设计和施工中，当考虑路基和隧道围岩的强度与稳定性、桥梁基础的砌置深度和基坑开挖深度及隧道的涌水等问题时，都必须研究有关地下水的问题，如地下水的埋藏条件、地下水的类型、地下水的理化性质、地下水的活动规律等，以保证建筑物的稳定和正常使用。工程上把与地下水有关的问题称为水文地质问题，把与地下水有关的地质条件称为水文地质条件。

1）地下水的存在形式

地下水的存在形式主要为气态、固态和液态三种形式。气态水以水蒸气状态和空气一起存在于岩石和土层的孔隙、裂隙中，常由蒸汽压力大的地方向蒸汽压力小的地方移动，气态水对岩土体的强度和性质无太大的影响。固态水是埋藏在常年温度在 0℃ 以下的冻土中的冰，水的冻结与融化影响着土的工程性质。液态水是运动的水，通常水都是以液态形式存在的。液态水又分为结合水、毛细水和重力水三种，见图 1-4-3。

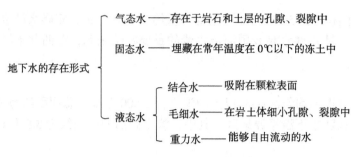

图 1-4-3 地下水的存在形式

牢固吸附在颗粒表面的水称为吸着水；在吸着水外围，被吸附在颗粒表面的水膜，称为薄膜水。吸着水和薄膜水统称结合水，它们具有一定的抗剪强度，必须施加一定的外力才能使其发生变形。结合水的抗剪强度由内层向外层减弱。

在岩土体的细小孔隙、裂隙中，由于受表面张力和附着力的支持而充填的水，称为毛细水。当两者的力超过重力时，毛细水能上升到地下水面以上一定的高度。毛细水对土体的性质影响较大。

当岩土体中的较大孔隙、裂隙完全被水填充饱和时，在重力作用下能够自由流动的水，称为重力水。重力水是构成地下水的主要部分，通常所说的地下水就是指重力水。

2）岩土体的水理性质

岩土体的水理性质是指岩土体与水接触时，存储和运移水分的性质。土的颗粒组成不同、岩土体的空隙大小和数量不同，其容纳、保持、释出和被水透过的能力也不相同。岩土体的水理性质主要包括岩土体的容水性、持水性、给水性和渗透性。

容水性是指岩土体容纳水分的能力，常用容水度来衡量。容水度是指岩土体能容纳水的最大体积（饱水状态下岩土体中的含水体积）与岩土体的体积之百分比，其值的大小一般和孔隙率（裂隙率、溶隙率）相等或接近。

持水性是指在重力作用下岩土体依靠颗粒电场力和毛细吸力在孔隙、裂隙中保持一定量水分的性能，常用持水度来表示。持水度是指饱水岩土体在重力作用下释水后，仍能保持住的水体积与岩土总体积的百分比。

给水性是指被水饱和的岩土体在重力作用下释出水的能力，常用给水度来表示。给水度是指饱水岩土体在重力作用下释出水的体积与岩土体总体积的百分比。

对于岩体来讲，由于其中的结合水含量较少，毛细作用也极其微弱，所以，可以认为其容水度、给水度和裂隙率近似相等。

渗透性是指透水性岩土体允许水流透过的性能。

4.2.2 地下水的形成条件和类型

1）地下水的形成条件

地下水是在一定自然条件下形成的，它的形成与岩石、地质构造、气候、地貌、人为因素等有关，见表 1-4-1。

地下水的形成条件　　　　　　表 1-4-1

形成条件	描　　述
岩性条件	岩石中的空隙和裂隙大，形成含水层，比如砂岩层、砾岩层、石灰岩层等；孔隙和裂隙少而小、相对致密的岩土层，称为不透水层或隔水层，如页岩层、泥岩层等
地质构造条件	地质构造发育地带，岩层透水性增强，常形成良好的蓄水空间，如致密的不透水层，当其位于褶曲轴附近时，可因裂隙发育而强烈透水；断层破碎带是地下水流动的通道
气候条件	气候条件对地下水的形成有着重要的影响，如大气降水、地表径流、蒸发等方面的变化将影响到地下水的水量
地貌条件	不同的地貌部位对地下水的形成有不同的影响，一般在平原、山前区易于储存地下水，形成良好的含水层，在山区很难储存大量的地下水
人为因素	比如大量抽取地下水，会引起地下水位大幅下降；修建水库，可促使地下水位上升

2）地下水的分类

（1）按埋藏条件分类。地下水按埋藏条件可划分为包气带水、潜水和承压水三类，见图 1-4-4。

①包气带水：指埋藏于包气带中的地下水。当包气带中有局部隔水层（常以透镜状存在，所以也称为隔水透镜体）存在时，大气降水沿岩土裂隙、孔隙下渗，可在局部隔水透镜体上形成储量和规模皆较小的重力水，这种重力水称为上层滞水。

上层滞水一般接近地面，分布范围小，厚度小、水量少，靠大气降水和凝结水补给，以蒸发形式或沿隔水透镜体边缘向外排泄。其受季节影响，雨季获得补给，旱季水量减少甚至消失。

②潜水：位于地表以下第一个稳定的隔水层之上，具有自由水面的重力水称为

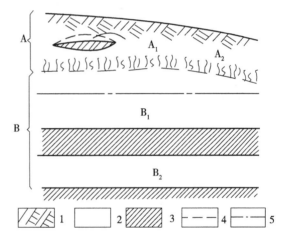

图 1-4-4　地下水的存在形式

潜水。潜水常埋置于土的孔隙中和出露地表的岩石裂隙中，靠大气降水、凝结水或地表水补给，以大气降水补给为主。潜水有隔水的底板，但没有隔水的顶板，能在水平方向流动，多数情况下，潜水的补给区和分布区一致。以大气降水为补给源的潜水受气候条件的影响很大，水位不稳定，而以河流等地表水为补给源的潜水则表现出较好的水位稳定性。由于潜水没有隔水的顶板，所以同上层滞水一样，也易受到污染。地下水埋藏条件如图 1-4-5 所示。

潜水的排泄方式有：泉（图 1-4-6）、蒸发、泄流地表和人工抽取地下水等。

潜水在自然界中分布极广，主要存在于具有隔水层的第四纪沉积物或基岩风化带中。潜水面的形状常和地形相适应，但较地形起伏小。

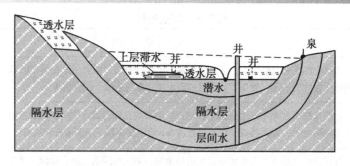

图1-4-5 地下水埋藏条件示意图

③承压水：存在于地表以下两个稳定隔水层之间的含水层中的重力水，称为层间水。若层间水完全充满于含水层且受到超静水压力作用时，则称其为承压水，俗称自流水。层间水多为承压水。层间水的补给区和分布区不一致；由于其顶部有隔水顶板存在，所以受大气降水的影响较小，不易受污染，通常水质良好；水位变化较缓慢且幅度小，随气候的变化不如潜水敏感，蒸发量小，甚至不蒸发。如果层间水为承压水，隔水顶板一旦被穿透，地下水位会明显上升，甚至喷出地面形成自流井，如图1-4-7所示。

图1-4-6 泉

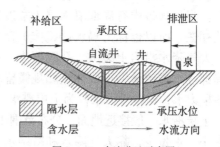

图1-4-7 自流盆地示意图

承压水的形成与一个地区的地质构造密切相关。最易形成承压水的地质构造有向斜构造和单斜构造两种。承压水的排泄方式有泉和人工抽取地下水等。在我国一些人口密集的大型城市中，人工大量抽取地下水不仅使地下水资源已近枯竭，还造成了城区地面的大面积下沉。

（2）按含水层性质分类。含水层按其空隙性质的不同，可分为孔隙含水层、裂隙含水层和岩溶含水层。储存在这些含水层中的地下水分别称为孔隙水、裂隙水和岩溶水。

①孔隙水：孔隙水广泛分布于第四纪松散的沉积物中，在较老的岩石中也有较少分布。例如，在砂岩中就有少量的孔隙水存在。孔隙水的存在条件和特征取决于岩土的孔隙状况，这是因为岩土孔隙的大小和多少不仅关系到岩土透水性的好坏，也直接影响着其中的地下水的含量多少、运动条件和水质好坏。如果岩土体颗粒粗大而均匀，则孔隙含水层的透水性好、地下水储量大、流速快、水质好；反之，则透水性差、地下水储量小、流速慢、水质差。由于埋藏条件的不同，孔隙水可形成上层滞水、潜水和层间水。

②裂隙水：存在于基岩裂隙之中并沿着基岩裂隙渗流的地下水，称为裂隙水。岩体中的裂隙可分为风化裂隙、成岩裂隙和构造裂隙三种。由于裂隙类型不同，其分布规律、

发育程度也不相同,并使含于其中的裂隙水的分布和埋藏特征呈现出差异性。据此可将裂隙水划分为风化裂隙水、成岩裂隙水和构造裂隙水。

风化裂隙水常埋藏于地表浅处,含水层厚度小、储量有限,其渗透性随深度的增加而减弱,常以潜水甚至上层滞水的形式存在,季节性变化明显。成岩裂隙水主要分布在成岩裂隙发育的喷出岩浆岩中,例如在我国西南地区二叠系峨眉山玄武岩中,就分布有大面积的成岩裂隙水。成岩裂隙水的水质、分布特点、储量大小等主要取决于岩体裂隙的产状和发育程度、岩石的性质以及补给条件。成岩裂隙水既可以以潜水的形式存在,也可以以层间水的形式存在。构造裂隙水按裂隙产状不同,可分为层状构造裂隙水和脉状(带状)构造裂隙水,其中脉状构造裂隙水主要分布在断层带中,正断层和平推断层性质为张性,有利于地下水的存储。

③岩溶水:岩溶水是水对岩石的溶解溶蚀和再结晶作用的产物。地下水在可溶性碳酸盐类的岩体中渗流的结果是,使岩石中一部分物质成分溶于水中,并和水流一起流走,并在岩体中形成各种形状复杂的水溶性裂缝、沟渠和洞穴等岩溶裂隙或溶洞(即喀斯特溶洞),储存并运移于这些岩溶裂隙或岩溶溶洞中的地下水,就称为岩溶水。

4.2.3 地下水的物理性质和化学性质

1)地下水的物理性质

地下水的物理性质主要包括地下水的密度、温度、颜色、透明度、气味和口味、放射性等。

(1)密度。地下水的密度取决于地下水中的其他物质成分含量,当地下水比较纯净时,其密度接近 $1g/cm^3$,而当地下水中溶有较多的其他化学物质时,其密度则可达 1.2~$1.3g/cm^3$。

(2)温度。在同一地区,地下水的温度与其埋深有关。地下水的温度随深度增加而逐渐升高,其温度变化规律取决于地温梯度(温度每增加1℃所需的深度)。在不同地区,距地表较浅的地下水的温度差异巨大,例如在高寒地区,地表附近的地下水常年温度都在0℃以下。此外,受构造影响时,地下水的温度变化会发生异常。在西藏的羊八井地区,地下48m深处水温高达150℃左右。

(3)颜色。地下水的颜色主要取决于地下水中含有的化学成分。多数情况下,地下水是无色的,但当其中含有某些化学物质时,就会显现一定的颜色。例如,含有 H_2S 的地下水呈翠绿色,含 Fe_2O_3 的地下水呈红褐色。受污染的地下水因污染物质的不同而颜色各异。

(4)透明度。常见的地下水是无色透明的,当含有一定量的固体物质或悬浮杂质时,其透明度将变差,其透明度(或称浑浊度)取决于悬浮颗粒杂质的种类与含量。按透明度的不同,可将地下水划分为透明地下水、微浊地下水、浑浊地下水和极浊地下水。

(5)气味和口味。地下水的气味取决于地下水中所含的挥发性物质(气体)与有机质,口味取决于水中所含的化学物质。例如,当地下水中含 H_2S 时,具有臭鸡蛋味;含有有机质时,有霉味;含有 $NaCl$ 时,有咸味等。

(6)放射性。因为岩土体中部含有一定量的放射性物质,所以在其中渗流的地下水也具有或大或小的放射性。当然,一般情况下地下水的放射性极其微弱,不足以对人体构成危害,但个别区域的地下水会因放射性元素含量高、放射性强而对人体健康产生危害。

2）地下水的化学成分

地下水中常见气体有 O_2、N_2、H_2S 和 CO_2 等。一般情况下，地下水中气体含量不高，但是，气体分子能够很好地反映地球化学环境。地下水中分布最广、含量较多的离子有 7 种，即 Cl^-、SO_4^{2-}、HCO_3^-、Na^+、K^+、Ca^{2+}、Mg^{2+}。地下水中的化合物有 Fe_2O_3、Al_2O_3、H_2SiO_3 等，详见表 1-4-2。

地下水的化学成分表　　　　　　　表 1-4-2

化学成分	分　类				
矿化度	淡水	低矿化水	中等矿化水	高矿化水	卤水
	<1	1~3	3~10	10~50	>50
pH 值	强酸性水	弱酸性水	中性水	弱碱性水	强碱性水
	<5	5~7	7	7~9	>9
硬度	极软水	软水	微硬水	硬水	极硬水
	$<1.5 \times 10^{-3}$	1.5×10^{-3}~3.0×10^{-3}	3.0×10^{-3}~6.0×10^{-3}	6.0×10^{-3}~9.0×10^{-3}	$>9.0 \times 10^{-3}$

3）地下水的侵蚀性

近年来，由于人为因素和自然环境破坏，导致许多地区地下水质恶化。其污染的原因主要有：工业废水向地下直接排放，受污染的地下水侵入到地下含水层中，受人畜粪便或过量农药污染的水渗入地下等，如图 1-4-8 所示。受污染的地下水对人类生活、工农业生产以及工程活动都有很大的危害。

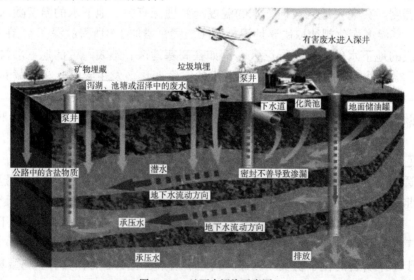

图 1-4-8　地下水污染示意图

地下水本身就是一种含有多种化学元素的水溶液，土木工程的建筑物基础、桥梁基础、隧道衬砌和挡土构筑物等混凝土结构物，又不可避免地要长期与地下水接触，它们之间的某些物质成分必然会发生化学反应。地下水对混凝土的侵蚀是指，地下水中的一些化学成分与混凝土结构物中的某些化学物质发生化学反应，在混凝土内形成新的化合物，使混凝土体积膨胀、开裂破坏，或者溶解混凝土中的某些物质，使其结构受到破坏、强度降低。

常见的地下水侵蚀作用有以下几种：

（1）氧化、水化侵蚀：混凝土结构物中多含有钢筋等铁金属材料，当地下水中含有较多氧气时，就会对结构物中的钢筋一类铁金属材料造成腐蚀。

$$2Fe+3O_2 \rightarrow 2Fe_2O_3$$

$$Fe_2O_3+3H_2O = 2Fe(OH)_3（胶体状态）$$

（2）酸性侵蚀：当地下水呈酸性时，氢离子会对混凝土表面的碳酸钙硬层产生溶蚀。

$$CaO_3+H^+ \rightarrow Ca^{2+}+HCO_3^-$$

（3）碳酸类侵蚀：当地下水中富含 CO_2 时，会对混凝土中的氢氧化钙产生溶蚀。

$$Ca(OH)_2+CO_2 \rightarrow CaCO_3 \downarrow +H_2O$$

$$CaCO_3+H_2O+CO_2 \rightleftharpoons Ca^{2+}+HCO_3^-$$

（4）硫酸类侵蚀：当地下水中含有较多的硫酸根离子时，会与混凝土中的氢氧化钙反应生成石膏，进一步生成石膏和水的结晶体，使混凝土的体积明显增大，其结果是不仅降低了混凝土的强度，严重时还会造成混凝土的开裂破坏。

（5）镁盐侵蚀：富含 $MgCl_2$ 的地下水与混凝土接触时，会和混凝土中的 $Ca(OH)_2$ 反应，生成 $Mg(OH)_2$ 和溶于水的 $CaCl_2$，使混凝土中的钙质流失，导致结构破坏、强度降低。

应当指出，上述几种地下水的侵蚀类型只是其中最基本的情况，实际的侵蚀过程要复杂得多，常常是几种侵蚀作用同时存在，并最终极大地削弱混凝土的强度。工程施工中，应根据地下水的化学分析结果，采用适当的防治地下水侵蚀的措施。

4）地下水对公路工程的影响

地下水是地质环境的重要组成部分，且最为活跃。在许多情况下，地质环境的变化常常是由地下水的变化引起的。引起地下水变化的因素是多种多样的，往往带有偶然性、局部发生，难以预测，对工程危害很大。尤其是地下水位的变化，水的侵蚀性和流沙、潜蚀等不良地质作用，都将对建筑工程的稳定性、施工及正常使用造成很大的影响。

（1）地下水位上升，可引起浅基础地基承载力降低，在有地震砂土液化的地区会引起液化的加剧，同时易引起建筑物震陷加剧，产生岩土体变形、滑移、崩塌失稳等不良地质作用。就建筑物本身而言，若地下水位在基础底面以下压缩层内发生上升变化，水浸湿和软化岩土，从而使地基土的强度降低，压缩性增大，建筑物会产生过大沉降，导致严重变形。尤其是对结构不稳定的土（如湿陷性黄土、膨胀土等），这种现象更为严重，对设有地下室的建筑的防潮和防湿也不利。

（2）地下水侵蚀性的影响主要表现为水对混凝土、可溶性石材、管道以及金属材料的侵蚀危害。

（3）基坑涌水：这种现象发生在建筑物基坑下有承压水时，开挖基坑会减小基坑底下承压水上部的隔水层厚度，减小过多会使承压水的水头压力冲破基坑底板形成涌水现象。涌水会冲毁基坑，破坏地基，给工程带来损失。

（4）地基沉降：在松散沉积层中进行深基础施工时，往往需要人工降低水位，若降水不当，会使周围地基土层产生固结沉降，轻者造成邻近建筑物或地下管线的不均匀沉降，重者会使建筑物基础下的土体颗粒流失，甚至掏空，导致建筑物开裂并危及安全。附近抽水井滤网和砂滤层的设计不合理或施工质量差，则抽水时会将软土层中的黏粒、粉粒甚至细砂等细小颗粒随同地下水一起带出地面，使周围地面土层很快产生不均匀沉降，造成地面建筑物和地下管线不同程度的损坏。另一方面，井管开始抽水时，井内水位下降，井外含水层中的地下水不断流向滤管，经过一段时间后，在井周围形成漏斗状的弯曲水面——降水漏斗。在这一降水漏斗范围内的软土层，会发生渗透固结而造成地基土沉降。而且，由于土层的不均匀性和边界条件的复杂性，降水漏斗往往是不对称的，因而使周围建筑物或地下管线产生不均匀沉降，甚至开裂。

（5）流沙是地下水自下而上渗流时土产生流动的现象，它与地下水的动水压力有密切的关系。当地下水的动水压力大于土粒的浮重度，或地下水的水力坡度大于临界水力坡度时，就会产生流沙。这种情况常常是由于在地下水位以下开挖基坑、埋设地下水管、打井等工程活动而引起的，所以，流沙是一种工程地质现象，易产生于细砂、粉砂、粉质黏土等土中。流沙在工程施工中能造成大量的土体流动，致使地表塌陷或建筑物的地基破坏，给施工带来很大困难，或直接影响建筑工程及附近建筑物的稳定，因此，必须进行防治。

在可能产生流沙的地区，若其上面有一定厚度的土层，应尽量利用上面的土层做天然地基，也可用桩基穿过流沙。总之，应尽可能地避免开挖。如果必须开挖，可用以下方法处理流沙。

①人工降低水位：使地下水位降至可能产生流沙的地层以下，然后开挖。

②打板桩：在土中打入板桩，这样可以加固坑壁，同时增加了地下水位的渗流路程，以减小水力坡度。

③冻结法：用冻结的方法使地下水结冰，然后开挖。

④水下挖掘：在基坑（或沉井）中用机械在水下挖掘，避免因排水而造成产生流沙的水头差；为了增加砂的稳定，也可向基坑中注水并同时进行挖掘。

此外，处理流沙的方法还有化学加固法、爆炸法及加重法等。在基槽开挖的过程中，局部地段出现流沙时，立即抛入大块石头等，可以克制流沙的活动。

（6）潜蚀：潜蚀作用可分为机械潜蚀和化学潜蚀两种。机械潜蚀是指在地下水的动水压力作用下，土粒受到冲刷，细粒被冲走，土的结构受到破坏，形成洞穴的作用。化学潜蚀是指地下水溶解土中的易溶盐分，使土粒间的结合力和土的结构受到破坏，土粒被水带走，形成洞穴的作用。这两种作用一般是同时进行的。在地基土层内如具有地下水的潜蚀作用，将会破坏地基土的强度，形成空洞，产生地表塌陷，影响建筑工程的稳定。在我国的黄土层及岩溶地区的土层中，常有潜蚀现象产生，修建建筑物时应予注意。

对潜蚀的处理可以采用堵截地表水流入土层、阻止地下水在土层中流动、设置反滤层、改造土的性质、减小地下水流速及水力坡度等措施。这些措施应根据当地质条件分别或综合采用。

（7）地下水的浮托作用：当建筑物基础底面位于地下水位以下时，地下水对基础底面产生静水压力，即产生浮托力。如果基础位于粉性土、砂性土、碎石土和节理裂隙发育的岩石地基上，则按地下水位100%计算浮托力；如果基础位于节理裂隙不发育的岩石地基上，则按地下水位50%计算浮托力；如果基础位于黏性土地基上，其浮托力较难确定，应结合地区的实际情况考虑。地下水不仅会对建筑物基础产生浮托力，同样对其水位以下的岩石、土体也会产生浮托力。

本任务小结

水是宝贵的自然资源，可作生活饮用水和工农业生产用水，一些特殊组分的地下水称为矿泉水，具有医疗保健作用。同时，水又是地质环境的组成部分之一，能影响环境的稳定性。

在工程过动中，地下水对土木工程影响很大。地基土中的水能降低土的承载力；基坑涌水不利于工程施工；地下水同时也是导致滑坡、地面沉降和地面塌陷等地质病害发生的主要原因；一些地下水还腐蚀建筑材料。

思考题

1. 地下水的形成必须具备哪些条件？
2. 什么叫含水层和隔水层？
3. 什么叫潜水？潜水主要埋藏在哪些岩土层中？
4. 什么叫承压水？承压水有哪些主要特征？
5. 地下水的硬度是根据什么判定的？水按硬度可分为哪些类型？研究它们有何意义？
6. 地下水对公路工程建设有哪些方面的影响？

学习任务5　认识道路工程地质病害现象

5.1　崩塌、滑坡

5.1.1　崩塌和岩堆

1）崩塌和岩堆简介

崩塌是指陡峻斜坡的巨大岩块，在重力作用下突然而猛烈地向下倾倒、翻滚、崩落的现象，如图1-5-1所示。崩塌经常发生在山区河流、沟谷的陡峻山坡上，有时也发生在高陡的路堑边坡上。规模巨大的山坡崩塌，称为山崩。由于斜坡的表层岩石强烈风化，会出现小块岩石经常性剥落的现象，称为碎落。悬崖陡坡上个别较大岩块

图1-5-1　金沙江旁一处崩塌体

的崩落，称为落石。

岩堆是由碎落、崩塌和落石在山坡低凹处或坡脚处形成的疏松堆积体。在高山地区，岩堆常沿山坡或河谷谷坡呈条带状分布，连续长度可达数公里至数十公里。

2）崩塌和岩堆的成因及危害

（1）崩塌的成因。

①山坡坡度大于45°，可能形成崩塌。

②节理发育的块状或层状岩石，如石灰岩、花岗岩、砂岩、页岩等，以及厚层硬岩覆盖在软弱岩层之上的陡壁，均可形成崩塌。

③各种构造面，如岩层层面、断层面、错动面、节理面等，软弱夹层倾向临空面且倾角较陡时，便构成崩塌的依附面。

④在暴雨或持续降雨之后，水分沿裂隙渗入岩层，降低了岩石裂隙间的黏聚力和摩擦力，增加了岩体的重量，从而促进崩塌的产生。

⑤水流冲刷坡脚，削弱了坡体的支撑能力，使山坡上部失去稳定。

⑥地震会使土石松动，引起大规模的崩塌。

⑦工程活动造成的崩塌，如在山坡上部增加荷重、大爆破引起振动等。

总之，滑坡的类型很多，形成的原因也各异，详见表1-5-1。

滑坡的类型及形成的原因 表1-5-1

滑坡的类型	滑坡的成因
堆积层滑坡：坡积、洪积、重力堆积层中或沿基岩顶面滑动的各种滑坡	因地下水的作用引起
残积层滑坡：发生在厚层风化壳中的滑坡	由于强烈的化学风化作用，坚硬基岩也风化成土和碎石，滑坡多沿软弱的风化带滑动
黄土滑坡：发生在厚层黄土高边坡地段的滑坡	由于黄土对水不稳定，在重力的作用下整体滑动
黏性土滑坡：在均质和非均质黏性土中产生的滑坡	因网状裂隙破坏了土的结构，水沿裂隙下渗，使土的强度降低引起
堆填土滑坡：人工填筑的路堤土及弃土产生的滑坡	路堤沿原地面发生的滑动，有时也带动其下的坡积层一起下滑
破碎岩石滑坡：岩体失去完整性，松散破碎的多种岩石可产生层面滑坡和构造面滑坡	滑体由碎石、块石和黏性土混合组成，地下水较多，无明显的含水层
岩石滑坡：各种较完整的岩石发生滑坡	由泥岩、泥质页岩、片岩等软弱岩石形成的滑坡

（2）崩塌的病害。崩塌是山区常见的地质灾害之一。崩塌现象一般是急剧、短促、猛烈和突发性的，因而常具有灾难性的后果。崩落的土石方，小的仅有数立方米到数十立方米，大者可达数百、数千甚至数万立方米，而崩落土石体达到数十万、上千万立方米甚至更多的山体大崩塌多和地震有关，发生的次数也极为有限。大型山崩如果发生在江河岸坡，有时会堵塞河道，形成堰塞湖，一旦堵塞体溃决，便会造成重大灾难。

在施工中发生崩塌，会造成严重的人身安全事故。在运营线上发生崩塌、落石，会严重威胁行车安全，大型的崩塌还会中断交通运输，给国民经济造成巨大损失。

3）崩塌发生的条件

崩塌物下坠的速度很快，一般为 5~200m/s，有的可达自由落体的速度。如图 1-5-2 和图 1-5-3 所示，分别为公路上方山体崩塌和土体崩塌。

图 1-5-2　公路上方山体崩塌

图 1-5-3　土体崩塌

（1）坡面条件。江、河、湖（水库）、沟的岸坡及各种山坡，以及铁路、公路边坡等各类人工边坡都是易于产生崩塌的地貌部位。一般在陡崖临空面高度大于 30m，坡度大于 50°的高陡斜坡、孤立山嘴或凸形陡坡及阶梯形山坡，均为易形成崩塌的地形。

（2）岩土条件。岩、土是产生崩塌的物质条件，通常岩性坚硬的岩浆岩、变质岩及沉积岩类中的石灰岩、石英砂岩等，易形成规模较大的崩塌。在软硬互层的悬崖上，因差异风化，硬质岩层常形成突出的悬崖，软质岩层易风化形成凹崖坡，使其上部硬质岩失去支撑而引起较大的崩塌，如图 1-5-4 所示。

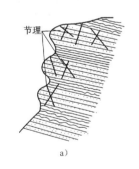
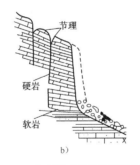
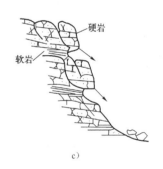

图 1-5-4　切割严重的岩体易形成崩塌

（3）地质构造。各种构造面，如裂隙面、岩层层面、断层面、软弱夹层及软硬互层的坡面，对坡体的切割、分离，为崩塌的形成提供了脱离母体（山体）的边界条件，如图 1-5-4 和图 1-5-5 所示。当其软弱结构面倾向于临空面且倾角较大时，易发生崩塌；或者坡面上两组呈楔形相交的结构面，当其组合交线倾向临空面时，也会发生崩塌。

图 1-5-5　切割严重的岩体实图

坡面条件、岩土条件、地质构造三个条件，统称为地质条件，它们是形成崩塌的基本条件。
(4) 诱发崩塌的外界因素（表1-5-2）。

崩塌的诱发因素　　　　　　　　表1-5-2

诱发因素	描　述
地震	使土石松动，引起大规模的崩塌；一般烈度在七度以上的地震都会诱发大量的崩塌
融雪、降雨	特别是大雨、暴雨和长时间的连续降雨，使地表水渗入坡体、软化岩、土体及其中软弱结构面，增加了岩体的质量，从而诱发崩塌
地表水的冲刷、浸泡	地表水不断地冲刷坡脚或浸泡坡脚，削弱坡体支撑或软化岩、土，降低坡体强度，也能诱发崩塌
地下水	边坡和山坡中的地下水往往可以直接从大气降水中得到补给，充满裂隙中的水及其流动，对潜在崩塌体产生静水压力和动水压力，产生向上的浮托力；由于水的浸泡，岩体和充填物的抗剪强度大大降低；充满裂隙的水使不稳定岩体和稳定岩体之间的侧向摩擦力减小
风化作用	强烈的物理风化作用，如剥离、冰胀、植物根压等，都能促使斜坡上岩体发生崩塌
人为因素	边坡设计过高、过陡，不适宜地采用大爆破，施工程序不当等均会导致崩塌发生；公路工程技术人员还应注意，在山区修筑公路，如果改变了原来较稳定的斜坡外形，使斜坡变陡，当某些软弱结构面裸露或使部分被切割的岩体失去支撑时，也会引起崩塌

4) 确定崩塌体的边界

崩塌体的边界特征决定了崩塌体的规模大小。崩塌体边界的确定主要依据坡体地质结构。

首先，应查明坡体中所发育的裂隙面、岩层面、断层面等结构面的延伸方向、倾向和倾角大小及规模、发育密度等，即构造面的发育特征。通常，平行斜坡延伸方向的陡倾构造面，易构成崩塌体的后部边界。

其次，调查各种构造面的相互关系、组合形式、交切特点、贯通情况及它们能否将或已将坡体切割，并与母体（山体）分离。

最后，综合分析调查结果，那些相互交切、组合可能或已经将坡体切割与其母体分离的构造面就是崩塌体的边界面。其中，靠外侧、贯通（水平及垂直方向上）性较好的构造面，所围的崩塌体的危险性最大。

例如，1980年6月发生在湖北省远安县盐池河磷矿区的大型岩石崩塌体，它的边界面就是由后部垂直裂缝、底部白云岩层理面及其他两个方向的临空面组成的，如图1-5-6所示。

图1-5-6　湖北远安县盐池河磷矿山体崩塌

5.1.2 滑坡

斜坡上岩体或土体在重力作用下沿一定的滑动面（或滑动带）整体地向下滑动的现象叫滑坡，俗称"走山"、"垮山"、"地滑"等，如图1-5-7所示。

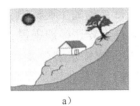   

图 1-5-7 滑坡形成示意图

a）滑坡隐患；b）滑坡发生；c）滑坡发展；d）滑坡停止

滑坡是山区公路的主要病害之一。由于山坡或路基边坡发生滑坡，常使交通中断，影响公路的正常运输。大规模滑坡能堵塞河道、摧毁公路、破坏厂矿、掩埋村庄，对山区建设和交通设施危害很大，如图 1-5-8 所示。西南地区为我国滑坡分布的主要地区，该地区滑坡类型多、规模大、发生频高、分布广泛、危害严重，已经成为影响国民经济发展和人身安全的主要因素之一。西北黄土高原地区，以黄土滑坡广泛分布为其显著特征。在东南、中南的山岭、丘陵地区，滑坡、崩塌也较多。在青藏高原和兴安岭的多年冻土地区，也有不同类型的滑坡分布。

图 1-5-8 滑坡危害

a）阻塞河谷；b）路基滑坡

1）滑坡的形态

发育完整的滑坡，一般都由滑坡体、滑动面、滑坡后壁、滑坡台阶、滑坡台、滑坡裂隙等部分组成，如图 1-5-9 所示。

（1）滑坡体。滑坡体指滑坡的整个滑动部分，即依附于滑动面向下滑动的岩土体，简称滑体，如图 1-5-10 所示。滑坡体的规模大小不一，大者可达几亿立方米到十几亿立方米。

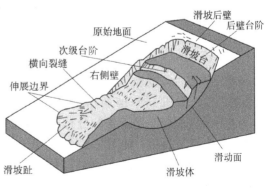

图 1-5-9 滑坡要素示意图

（2）滑动面。滑坡体沿着滑动的面称为滑动面，如图 1-5-11 所示。滑动带指平行滑动面受揉皱及剪切的破碎地带，简称滑带。滑动面（带）是表征滑坡内部结构的主要标志，对滑坡的推力计算和工程治理有重要意义。滑动面的形状，因地质条件而异。一般来说，发生在均质黏性土和软质岩体中的滑坡，一般多呈圆弧形；沿岩层层面或构造裂隙发育的滑坡，滑动面多呈直线形或折线形。滑坡床指滑体滑动时所依附的下伏不动体，简称滑床。

图 1-5-10　滑坡体

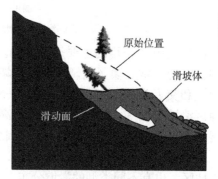

图 1-5-11　滑动面

（3）滑坡后壁。滑坡后壁指滑坡发生后，滑坡体后缘和斜坡未动部分脱开的陡壁。有时可见擦痕，可以此识别滑动方向，如图 1-5-12 所示。滑坡后壁在平面上多呈圈椅状，后壁高度自几厘米到几十米不等，陡坡坡度一般为 60°~80°。

（4）滑坡台阶。滑体滑动时，由于各段土体滑动速度的差异，在滑坡体表面形成台阶状的错台，称为滑坡台阶，如图 1-5-13 所示。

图 1-5-12　滑坡后壁

图 1-5-13　滑坡台阶

（5）滑坡舌。滑坡舌指滑坡体前缘形如舌状的凸出部分，舌上常发育有因受阻力而隆起的小丘，如图 1-5-14 所示。

（6）滑坡裂隙。由于各部分移动的速度不等，在滑坡体内部及表面所形成的一系列裂隙，称为滑坡裂隙，如图 1-5-14 所示。位于滑体上（后）部多呈弧形展布者，称拉张裂隙；位于滑体中部两侧又常伴有羽毛状排列的裂隙，称剪切裂隙；滑坡体前部因滑动受阻而隆起形成的张性裂隙，称鼓胀裂隙；位于滑坡体中前部尤其是滑舌部、呈放射状展布者，称扇状裂隙。

较老的滑坡由于受到风化、水流冲刷、坡积物覆盖，其原来的构造、形态特征往往遭到破坏，不易被观察。但是一般情况下，必须尽可能地将其形态特征识别出来，以助于确定滑坡的性质和发展状况，为整治滑坡提供可靠的资料。

2）滑坡形成的条件

滑坡的发生是斜坡岩土体平衡条件遭到破坏的结果，其形成条件和影响因素见表 1-5-3。

图 1-5-14　滑坡舌和滑坡裂缝

滑坡的形成条件和影响因素　　　　　　　　表 1-5-3

形成条件	岩土体	黏土：颗粒细而均匀，地表裂隙发育，遇水后呈软塑或流动状态，抗剪强度急剧降低； 黄土：遇水不稳定，垂直节理发育，具湿陷性； 堆积层：坡积、洪积及其他重力堆积层中，其产生往往与水有关，滑坡面一般是基岩顶面； 岩石：软质岩石（页岩、泥岩）、软硬相间岩层或浅变质岩（千枚岩、片岩）地区
	地质构造	结构面形成滑动面：滑动面常发生在顺坡的层面、大节理面、不整合面、断层面（带）等软弱结构面上，因其抗剪强度较低，当斜坡受力情况突然改变时，都可能成为滑动面； 结构面为降雨等进入斜坡提供了通道，当平行和垂直斜坡的陡倾构造面及顺坡缓倾的构造面发育时，易发生滑坡（见右图）
	地形地貌	具备临空面和滑动面，多在丘陵、山坡和河谷地貌发生
影响因素	水	地表水：侧向侵蚀斜坡或掏空斜坡坡脚
		地下水：降低岩、土体强度，潜蚀岩、土，增大岩、土重度，对透水岩石产生浮托力等
		降雨：大部分滑坡发生在持续降雨之后，俗有"大雨大滑、小雨小滑"之说
	人为活动	如开挖坡脚、坡体堆载、爆破、水库蓄（泄）水、矿山开采等都可诱发滑坡
	地震	地震产生的加速度使斜坡岩土体承受巨大的惯性力，并使地下水位发生强烈变化，在高山区极易诱发地震； 右图所示为汶川地震引起的滑坡

3）滑坡的类型

根据滑坡体的物质组成、力学条件、滑体厚度、滑动面与层面关系，可划分出下列几种滑坡类型，见表1-5-4。

滑坡分类表　　　　　　表1-5-4

分类依据	分类名称	特　征	典型实例
滑坡体的物质组成	黄土滑坡	在河谷两岸高阶地的前缘斜坡上成群出现，且大多为中、深层滑坡，一般滑动速度很快，破坏力强，是崩塌性滑坡，黄土高原普遍发育	1983年3月7日甘肃东乡洒勒山滑坡，数十秒就使3个村庄荡然无存，死237人，伤22人，压死牲畜无数；滑下土体近4亿 m^3，一水库被填，约3 000亩（1亩=666.67m^2）农田被毁
	黏土滑坡	久雨后发生，多为中、浅层滑坡，分布于云贵高原、四川东部、广西及鄂西、湘西等地	1-黏土；2-砂砾层；3-页岩；4-滑落黏土
	堆积层滑坡	发生于斜坡或坡脚处的堆积体中，物质成分多为崩积、坡积土及碎块石，滑体结构以土石混杂为主，多出现在河谷缓坡地带，规模有大有小	1985年6月12日发生于湖北秭归长江边，滑体约2 000万 m^3，为一巨型堆积层滑坡，对岸涌浪高达54m
	岩层滑坡	顺层滑坡——发育在软弱岩层或具有软弱夹层的岩层中，滑动面为岩层的层面	意大利瓦依昂特水库，库容10亿 m^3，坝高267m，是当时世界上最高的双曲拱坝。1963年10月19日，2.6亿 m^3 的石灰岩以20m/s以上的速度滑入水库，涌浪高250m，库水泻向下游，摧毁了5个村庄，致3 000多人死亡
		切层滑坡——发育在硬质岩层的陡倾面或结构面上	切层滑坡
力学条件	牵引式滑坡	由于斜坡坡脚处任意挖方、切坡或受流水冲刷，下部失去原有岩土的支撑而丧失其平衡引起的滑坡	
	推移式滑坡	由于斜坡上方不恰当的加载（修建建筑物、填方、堆放重物等）使上部先滑动，挤压下部，因而使斜坡丧失平衡引起的滑坡	

续上表

分类依据	分类名称	特　征	典型实例
滑体厚度	浅层滑坡		滑体厚度＜6m
	中层滑坡		滑体厚度在6~20m
	深层滑坡		滑体厚度＞20m
滑坡体的规模	小型滑坡		滑坡体积＜3万m³
	中型滑坡		滑坡体积在3万~50万m³
	大型滑坡		滑坡体积在50万~300万m³
	巨型滑坡		滑坡体积＞300万m³

4) 滑坡的野外识别和稳定性判断

(1) 在野外，可以根据滑坡先兆现象和外貌特征识别滑坡，见表1-5-5。

滑坡的野外识别　　　　　　　　　　　　表1-5-5

		特征描述	图示
滑坡先兆现象识别	边坡变形特征	滑坡体前缘土石零星掉落，坡脚附近土石被挤紧，并出现大量鼓胀裂缝，这是滑坡向前推挤的明显迹象	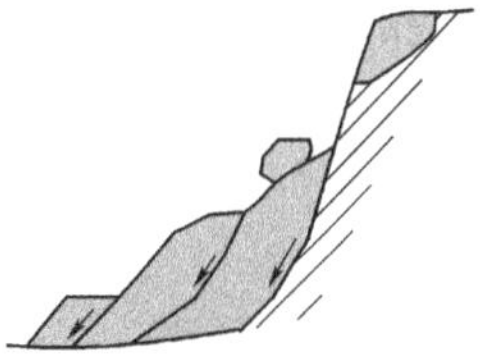
	水文地质特征	在滑坡前缘坡脚处，有堵塞多年的泉水复活现象，或者出现泉水（水井）突然干枯、井（钻孔）水位突变等类似的异常现象	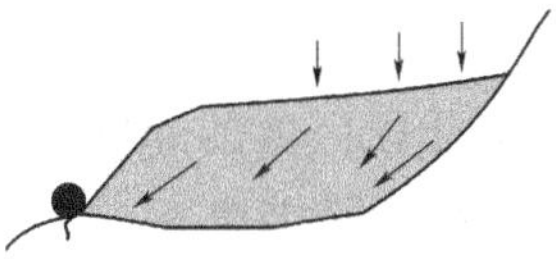
古滑坡外貌特征识别	地貌特征	圈椅状地形； 双沟同源（见右图）； 河岸反向突出	
	地物特征	马刀树（见右图）； 树木歪倒； 醉汉林	
	水文地质特征	在滑体两侧坡面洼地和上部常有喜水植物茂盛生长	

（2）在野外，从宏观的角度观察滑坡体，可根据一些外表迹象和特征，粗略地判断它的稳定性，见表 1-5-6。

滑坡稳定性判断　　　　　　　表 1-5-6

相对稳定的滑坡地貌特征	不稳定的滑坡地貌特征
后壁较高，长满树木，找不到擦痕，且十分稳定； 滑坡平台宽、大，且已夷平，土体密实无沉陷现象； 滑坡前缘的斜坡较缓，土体密实，长满树木，前缘迎河部分有被河水冲刷过的迹象； 目前的河水已远离滑坡舌部，甚至在舌部外已有漫滩、阶地分布； 滑坡体两侧的自然冲刷沟切割很深，甚至已达基岩； 滑坡体较干燥，地表一般没有泉水或湿地，坡脚有清晰的泉水流出	滑坡后壁高、陡，未长草木，常能找到擦痕和裂缝； 有滑坡平台，面积不大，未夷平，地表有裂缝，且沉陷不均； 滑坡前缘的斜坡较陡，土体松散，未长草木，并不断产生小型的坍塌； 滑坡两侧多为新生的沟谷，切割较浅，沟底多为松散堆积物； 滑坡表面有泉水、湿地，舌部泉水流量不稳定； 滑坡前缘正处在河水冲刷的条件下

需要指出的是，以上判断只是一般而论，为得出较为准确的判断，尚需进行进一步的观察和研究。

5.2　泥石流与岩溶

5.2.1　泥石流

泥石流是山区特有的一种不良地质现象，系山洪水流挟带大量泥砂、石块等固体物质，突然以巨大的速度从沟谷上游奔腾直泻而下，来势凶猛，历时短暂，具有强大破坏力的一种特殊洪流。

泥石流的地理分布广泛，据不完全统计，泥石流灾害遍及世界 70 多个国家和地区，主要分布在亚洲、欧洲和南、北美洲。我国的山地面积约占国土总面积的 2/3，自然地理和地质条件复杂，加上几千年人文活动的影响，目前是世界上泥石流灾害最严重的国家之一。我国山区主要分布在西南、西北及华北地区，在东北西部和南部山区、华北部分山区及华南、台湾、海南岛等地也有零星分布。

1）泥石流的主要危害方式

泥石流是一种水、泥、石的混合物，泥石流中所含固体体积一般超过 15%，最高可达 80%，其重度可达 $18kN/m^3$。泥石流往往在一个地段上突然爆发，能量巨大，来势凶猛，历时短暂，复发频繁。泥石流的前锋是一股浓浊的洪流，固体含量很高，形成高达几米至十几米的"龙头"顺沟倾泻而下，冲刷、搬运、堆积十分迅速，可在很短的时间内运出几十万至数百万立方米固体物质和成百上千吨巨石，摧毁前进途中的一切，掩埋村镇、农田，堵塞江河，造成巨大生命财产损失。因此，"冲"和"淤"是泥石流的主要活动特征和主要危害方式。"冲"是以巨大的冲击力作用于建筑物而造成直接的破坏，其危害方式主要有冲刷、冲击、磨蚀、直进性爬高等多种危害形式；"淤"是构造物被泥石流搬运停积下来的泥、砂、石淤埋，其危害方式主要有堵塞、淤埋、堵河阻水、挤压河道，使河床剧烈淤高、冲刷对岸，使山体失稳，淤塞涌洞，掩埋道路，直接危害工程建筑物的稳定和使用寿命，如

图 1-5-15 所示。

图 1-5-15　泥石流危害

2）泥石流形成的基本条件

泥石流的形成必须同时具备以下三个条件：陡峻的便于集水、集物的地形地貌，丰富的松散物质，短时间内有大量的水源。

（1）地形地貌条件。在地形上具备山高沟深、地势陡峻、沟床纵坡降大、流域形态有利于汇集周围山坡上的水流和固体物质的特点。泥石流的地貌一般可分为形成区、流通区和堆积区三部分。上游形成区的地形多为三面环山、一面出口的瓢状或漏斗状，山体破碎、植被生长不良，这样的地形有利于水和碎屑物质的集中；中游流通区的地形多为狭窄陡深的峡谷，谷床纵坡降大，使上游汇集到此的泥石流形成迅猛直泻之势；下游堆积区为地势开阔平坦的山前平原，呈河谷阶地，使倾泻下来的泥石流到此堆积起来，如图 1-5-16 所示。

（2）松散物质条件。泥石流常发生于地质构造复杂、断裂褶皱发育、新构造活动强烈、地震烈度较高的地区。地表岩层破碎，滑坡、崩塌、错落等不良地质现象发育，为泥石流的形成提供了丰富的固体物质来源；另外，岩层结构疏松软弱、易于风化、节理发育，或软硬相间成层地区，因易受破坏，也为泥石流提供了部分的碎屑物来源。

（3）水文气象条件。水既是泥石流的重要组成部分，又是泥石流的重要激发条件和搬运介质（动力来源）。泥石流的水源有强度较大的暴雨、冰川积雪的强烈消融和水库突然溃决等。

图 1-5-16　典型的泥石流沟

（4）人为因素。滥伐乱垦会使植被消失、山坡失去保护、土体疏松、冲沟发育，大大加重水土流失，进而使山坡稳定性受到破坏，滑坡、崩塌等不良地质现象发育，从而很容易产生泥石流，甚至使那些已退缩的泥石流又有重新发展的可能。修建铁路、公路、水渠以及其他建筑时的不合理开挖以及不合理的弃土、弃渣、采石等，也可能形成泥石流。

3）泥石流的类型

根据不同的分类方法，泥石流可以分为不同的类型，详见表 1-5-7。

泥石流的分类　　　　　　　　　表 1-5-7

分类依据	类型	特　点	典型照片
物质成分	泥石流	由大量黏性土和粒径不等的砂粒、石块组成，西藏波密、四川西昌、云南东川和甘肃武都等地区的泥石流，均属于此类	
	泥流	以黏性土为主，含少量砂粒、石块，黏度大，呈稠泥状，这种泥流主要分布在我国西北黄土高原地区	
	水石流	由水和大小不等的砂粒、石块组成，是石灰岩、大理岩、白云岩和玄武岩分布地区常见的类型，常发生于华山、太行山、北京西山等地区	
物质状态	黏性泥石流	含大量黏性土，黏性大，密度高，有阵流现象；固体物质含量占 40%~60%，最高达 80%；水不是搬运介质而是组成物质；稠度大，石块呈悬浮状态，爆发突然，持续时间短，破坏力大	
	稀性泥石流	水为主要成分，黏土、粉土含量一般小于 5%，固体物质含量占 10%~40%，有很大分散性；搬运介质为稀泥浆，砂粒、石块以滚动或跃移方式前进，具有强烈的下切作用；其堆积物在堆积区呈扇状散流，停积后似"石海"	

续上表

分类依据	类型	特点	典型照片
泥石流沟的状态	山坡型	沟小流短，沟坡与山坡基本一致，没有明显的流通区，形成区直接与堆积区相连；沉积物棱角尖锐、明显；冲击力大，淤积速度较快，规模较小	
	河谷型	流域呈狭长形，形成区分散在河谷的中、上游；沿河谷既有堆积，也有冲刷；沉积物棱角不明显，破坏力较强，周期较长，规模较大	

5.2.2 岩溶

岩溶是水对可溶性岩石进行以溶蚀作用为主的地质作用所形成的地表和地下形态的总称，又称岩溶地貌，如图 1-5-17 所示。除溶蚀作用外，还包括流水的冲蚀、潜蚀，以及坍陷等机械侵蚀过程，这些作用及其产生的现象统称为喀斯特。喀斯特是南斯拉夫西北部沿海一带石灰岩高原的地名，因那里发育各种石灰岩地貌，故借用此名。

中国喀斯特地貌分布广、面积大，其中在桂、黔、滇、川东、川南、鄂西、湘西、粤北等地连片分布的就达 55 万 km^2，尤以桂林山水、石林闻名于世。

岩溶与人类的生产和生活息息相关，例如：人类的祖先——猿人，曾经栖居在岩溶洞穴中；许多岩溶地区，因地表缺水或积水成灾，对农业生产影响很大；许多矿产资源、矿泉和温泉也与岩溶有关。在岩溶地区，由于地上地下的岩溶形态复杂多变，给公路测设定位带来相当大的困难。对于现有的公路，会因地下水的涌出、地面水的消水洞被阻塞而导致路基水毁；或因溶洞的坍顶，引起地面路基坍陷下沉或开裂。但有时可利用某些形态，如利用"天生桥"跨越河道、沟谷、洼地，利用暗河、溶洞以扩建隧道。因此，在岩溶区修建公路，应认真勘察岩溶发育的程度和岩溶形态的空间分布规律，以便充分利用某些可利用的岩溶形态，避让或防止岩溶病害对路线布局和路基稳定造成不良影响。

1）岩溶形成的基本条件及影响因素

（1）可溶性岩体的存在。可溶性岩体是岩溶形成的物质基础。可溶性岩石有三类：碳酸盐类岩石（石灰岩、白云岩、泥灰岩等），硫酸盐类岩石（石膏、硬石膏和芒硝等），卤盐类岩石（钾、钠、镁盐岩石等）。

（2）岩层的透水性。岩层透水性愈好，岩溶发育愈强烈。岩层透水性主要取决于裂隙和孔洞的多少和连通情况，如图 1-5-18 所示。

图 1-5-17 岩溶地貌（溶洞）

图 1-5-18 可溶性岩石的溶蚀现象

（3）有溶解能力的水活动。水的溶解能力随着水中侵蚀性 CO_2 含量的增加而加强。

（4）影响岩溶发育的因素见表 1-5-8。

影响岩溶发育的因素　　　　　表 1-5-8

影响因素	发育情况
气候	温暖、潮湿时岩溶发育； 寒冷、干燥时岩溶不发育
岩性及产状	岩性越纯，岩溶越发育； 不同岩层接触时，隔水层上方岩溶发育； 陡倾、直立岩层，顺岩层面岩溶发育
地质构造	背斜轴部拉张节理发育，岩溶发育； 背斜轴部节理发育并汇水，岩溶发育； 正断层破碎带及影响带岩溶发育； 逆断层主动盘破碎带岩溶发育
地壳运动	稳定时期，水平溶洞发育； 抬升时期，垂直落水洞发育

2）岩溶地貌类型

喀斯特地貌在碳酸盐岩地层分布区最为发育，常见的地表喀斯特地貌有石芽、石林、峰林等喀斯特正地形，还有溶沟、落水洞、盲谷、干谷、喀斯特洼地（包括漏斗、喀斯特盆地）等喀斯特负地形。地下喀斯特地貌有溶洞、地下河、地下湖等。另外，与地表和地下密切关联的喀斯特地貌还有竖井、天生桥等，见表 1-5-9。

岩溶地貌类型　　　　　表 1-5-9

岩溶地貌类型	形成过程	示例照片
石芽和溶沟	水沿可溶性岩石的节理、裂隙进行溶蚀和冲蚀，所形成的沟槽间突起与沟槽形态，浅者为溶沟，深者为溶槽，沟槽间的突起称石芽；其底部往往被土及碎石所充填；在质纯层厚的石灰岩地区，可形成巨大的貌似林立的石芽，称为石林，如云南路南石林，最高可达 50m	

续上表

岩溶地貌类型	形成过程	示例照片
溶蚀漏斗	地面凹地汇集雨水，沿节理垂直下渗，并溶蚀扩展成漏斗状的洼地；其直径一般为几米至几十米，底部常有落水洞与地下溶洞相通	
溶蚀洼地	岩溶作用形成的小型封闭洼地；它的周围常分布陡峭的峰林，面积一般只有几平方公里到几十平方公里，底部有残积物和坡积物，且高低不平，常附生着漏斗	
天生桥	近地表的溶洞或暗河顶板塌陷，有时残留一段为塌陷洞顶，横跨水流，呈桥状形态，故称为天生桥	
干谷和盲谷	喀斯特区地表水因渗漏或地壳抬升，使原河谷干涸无水而变为干谷；干谷底部较平坦，常覆盖有松散堆积物，漏斗、落水洞成群地作串球状分布；盲谷是一端封闭的河谷，河流前端常遇石灰岩陡壁阻挡，石灰岩陡壁下常发育落水洞，遂使地表水流转为地下暗河；这种向前没有通路的河谷称为盲谷，又称断尾河	
溶洞	溶洞的形成是石灰岩地区地下水长期溶蚀的结果；在洞内常发育有石笋、石钟乳和石柱等洞穴堆积；洞中这些碳酸钙沉积琳琅满目，形态万千，一些著名的溶洞，如北京房山县云水洞、桂林七星岩和芦笛岩等，均为游览胜地	
暗河	暗河是岩溶地区地下水汇集、排泄的主要通道，其中一部分暗河常与干谷伴随存在，通过干谷底部一系列的漏斗、落水洞，使两者相连通，可大致判明地下暗河的流向	
落水洞	流水沿裂隙进行溶蚀、机械侵蚀以及塌陷形成的近于垂直的洞穴；它是地表水流入喀斯特含水层和地下河的主要通道，其形态不一，深度可达十几米到几十米，甚至达百余米；落水洞进一步向下发育，形成井壁很陡、近于垂直的井状管道，称为竖井，又称天然井	

3）岩溶地区的工程地质问题

岩溶对建（构）筑物的稳定性和安全性有很大影响。

（1）被溶蚀的岩石强度大为降低。岩溶水在可溶岩层中溶蚀，使岩层产生孔洞，结构松散，从而降低了岩石强度。

（2）造成基岩面不均匀起伏。因石芽、溶沟、溶槽的存在，使地表基岩参差不齐、起伏不均匀，如利用石芽或溶沟发育的场地作为地基，则必须进行处理。

（3）降低地基承载力。建筑物地基中若有岩溶洞穴，将大大降低地基岩体的承载力，容易引起洞穴顶板塌陷，使建筑物遭到破坏，如图1-5-19所示。

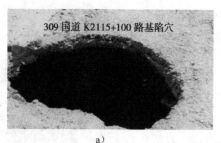 

a) b)

图1-5-19 岩溶塌陷

（4）造成施工困难。在基坑开挖和隧道施工中，岩溶水可能突然大量涌出，给施工带来困难等。

本任务小结

斜坡是一种常见的地表形态，由于斜坡坡度、物质组成和结构的不同，使得其在重力作用下的运动方式也不一样，水对斜坡的稳定起着重要的作用。

泥石流是山区特有的一种自然地质现象，它是由于降水（暴雨、融雪、冰川）而形成的一种挟带大量泥沙、石块等固体物质的特殊洪流。

岩溶是石灰岩地区特有的水文和地貌现象。研究岩溶地貌的组合规律，对岩溶区工程地质问题的分析和解决起着重要的作用。

第 2 部分 道路工程地质知识的应用

学习目标

1. 学会查阅《公路工程地质勘察规范》(JTG C20—2011)，能进行道路、桥、构造物地质的勘察、调查和记录；
2. 知道道路工程地质图的种类，并能识读道路工程地质图；
3. 学会编制道路工程地质勘测报告书和绘制道路工程地质图。

学习任务

1. 道路、桥、构造物地质的勘察、调查和记录；
2. 道路工程地质图识读；
3. 野外勘察资料整理和报告书的编写。

学习指南

一切工程活动都是以地壳表层的土或岩石为地基，并受到客观环境地质条件的制约，而这些建筑物的稳定，在施工和使用的过程中，又反过来影响着自然地质条件的变化，使建筑物的稳定性问题更加复杂，因而对工程地质条件进行调查、研究就显得非常重要。作为一个地质工作者，能进行野外地质勘察和完成工程地质报告是必须具备的一种能力。本部分内容就是告诉同学们，一个工程地质工作人员到工作区现场进行调查、观察的方法、内容以及如何把工作区的地质情况记录下来，并编制工程地质勘测报告书，以便对工程活动做出评价和处理。

本学习内容基于道路工程地质的工作过程，分解为 3 个学习任务，其中包括 3 个技能训练（1.道路工程地质图识读，2.报告书的编写，3.道路工程地质的记录）。目的是使学生能对工程地质进行勘察和编制工程地质勘测报告书，因此，每个学生应沿着如下流程进行学习：

① 能进行工程地质的勘察和记录　　③ 能编制道路工程地质勘测报告书
② 能识读道路工程地质图　　　　　④ 知道要绘制哪些道路工程地质图

学习方法建议

采用"教、学、做"一体化，结合案例教学法，利用野外地质勘察的记录格式及道路工程地质勘察报告书的文本资料和教师的讲解，并结合某条道路地质野外勘察记录的成果样本和勘察报告书成果样本，使学生掌握野外勘察方法、内容和记录格式，会勘察与记录工程地质条件，从而能胜任工程勘察的外业工作。

检查与评价

1. 针对校园周边的某一地段，模拟完成道路工程地质的记录；
2. 根据某地区的工程地质图，完成相关地质图知识的识读；
3. 选若干类型的勘察报告书文本及附件图表，让学生仔细阅读，从而领会勘察报告书文本及附件图表编制的内容和方法。

学习资料

1. 教材与案例；
2. 课件与工程地质勘察和报告书成果资料；
3. 中华人民共和国行业标准．JTG C20—2011　公路工程地质勘察规范．北京：人民交通出版社，1999．
4. 中华人民共和国国家标准．GB 50021—2001　岩土工程勘察规范．北京：中国建筑工业出版社，2001．

学习任务1　工程地质勘察

1.1　道路工程地质勘察概述

完成一个工程建设项目需要经过规划、勘察、设计和施工四个主要过程，工程地质勘察是完成工程建设项目的一个重要步骤。只有认真做好工程地质勘察工作，才能针对具体的工程地质条件设计好建筑物的主体工程，进而才能保证施工的顺利进行；否则就会违背地质的自然规律，带来不可估量的损失。

根据长期工程实践的结果，总结工程地质勘察的具体任务，可归纳为以下几个方面：

（1）查明建筑地区的工程地质条件，指出有利和不利条件。阐明工程地质条件的特征及其形成过程和控制因素。

（2）分析研究与建筑有关的工程地质问题，做出定性评价和定量评价，为建筑物的设计和施工提供可靠的地质依据。

（3）选出工程地质条件优越的建筑场地。正确选定建筑地点是工程规划、设计中的一项战略性工作，也是最根本的工作。地点选得合适就能较为充分地利用有利的工程地质条件，避开不利条件，从而减少处理措施，取得最大的经济效益。工程地质勘察的重要性在场地选择方面表现得最为明显而突出，所以，选择优越的建筑场地就成为工程地质勘察的任务之一。

（4）配合建筑物的设计与施工，提出关于建筑物类型、结构、规模和施工方法的建议。建筑物的类型与规模应适应场地的工程地质条件，以保证工程安全；对于施工方法，要根据地质环境的特点制订具体方案，才能保证工程顺利施工。

（5）为拟订改善和防治不良地质条件的措施提供地质依据。拟订和设计处理措施是设计和施工方面的工作，针对的是工程地质条件中的缺陷和存在的工程地质问题，只有在阐明不良条件的性质、涉及范围，以及正确评定有关工程地质问题的严重程度的基础上，才能拟订出合适的方案。所以，必须有工程地质勘察的成果作为依据。

（6）预测工程兴建后对地质环境造成的影响，制订保护地质环境的措施。人类的经济活动可利用地质环境、改造地质环境，为人类谋福利的巨大效益，但是，它同时也成为新的地质营力，产生了一系列不利于人类生活与生产的地质环境问题。例如道路的修建，虽然方便了交通，但是在山区开挖边坡，也常常引起新的滑坡、崩塌等问题。

因此，工程地质勘察的基本任务就是为工程建筑的规划、设计和施工提供地质资料，运用地质和力学知识，回答工程上的地质问题，以便使建筑物与地质环境相适应，从地质方面保证建筑物的稳定安全、经济合理、正常运行、使用方便。而且，应尽可能避免因工程的兴建而使地质环境恶化，引起地质灾害，达到合理利用和保护环境的目的。

1.1.1 道路工程地质勘察的阶段与内容

公路工程地质勘察的工作内容是按照规定的设计程序分阶段进行的，常分为可行性研究、初步勘察和详细勘察三个阶段，不同勘察阶段对工程地质勘察工作有不同的要求。

工程设计是分阶段进行的，与设计阶段相适应，勘察也是分阶段的。公路工程地质勘察必须根据不同的勘察阶段，完成不同的勘察任务。各勘察阶段的工作内容和工作深度应与公路各设计阶段的要求相适应。

不管公路设计是哪个阶段，一般进行工程地质勘察时都要用一个地质调查记录簿在野外进行勘察记录，包括《公路工程地质调查记录簿》《钻孔、探坑描述记录簿》《筑路材料调查记录簿》，只是在调查的内容上有所区别，如图2-1-1所示。

图2-1-1 地质调查记录簿

1）可行性研究阶段

在这一阶段，根据发展国民经济的长远规划和公路网建设规划以及项目建议书，对建设项目进行可行性研究。这一阶段的勘测工作是视察。其中，工程地质勘察工作的任务，是为编制可行性研究报告提供关于建设项目的地形、地质、地震、水文以及筑路材料、供水来源等方面的概略性资料。

公路可行性研究按其工作深度，分为预可行性研究和工程可行性研究，其各自的工程地质工作如表 2-1-1 所示。

可行性研究阶段的工程地质工作表　　　　　　　　　　　　表 2-1-1

公路可行性研究分类	工程地质工作
预可行性研究	收集与研究已有的文献地质资料
工程可行性研究	对可能方案作沿线实地调查； 对大桥、隧道、不良地质地段等重要工点进行必要的勘探，大致探明地质情况

2）初步工程地质勘察

公路工程基本建设项目一般采用两阶段设计，即初步设计和施工图设计。此外，对于技术简单、方案明确的小型建设项目，可采用一阶段（施工图）设计；对于技术复杂而又缺乏经验的建设项目，或建设项目中的个别路段或其他主要工点（如特殊大桥、互通式立体交叉、隧道等），必要时可采用三阶段设计，即在初步设计和施工图设计之间增加技术设计阶段。

初步工程地质勘察的目的是根据合同或协议书要求，在工程可行性研究的基础上，对公路工程建筑场地进一步做好工程地质比选工作，为初步选定工程场地、设计方案和编制初步设计文件提供必需的工程地质依据，其任务和内容见表 2-1-2。

初步工程地质勘察的任务和内容表　　　　　　　　　　　　表 2-1-2

序号	初勘的任务	初勘的内容
1	查明公路工程建筑场地的区域地质、水文地质、工程地质条件，并作出评价	初步查明地层、地质构造、岩性、岩土物理力学性质、地下水埋藏条件及土的冻结深度，如遇岩石地基，尚应对其风化情况加以确定
2	初步查明对确定工程场地的位置起控制性作用的不良地质条件，以及特殊性岩土的类别、范围、性质，提供避绕或治理对策的地质依据	查明不良地质现象的成因、分布范围，对场地或建设项目的安全性及稳定性的影响程度以及不良地质现象的发展趋势加以确定
3	初步查明场地地基的条件，为选择构造物结构和基础类型提供必要的地质资料； 对桥位处进行工程地质调查或测绘、物探、钻探、原位测试； 查明与桥位方案或桥型方案比选有关的主要工程地质问题，并作出评价； 应查明隧道的地质、地震情况以及进出口的地质环境条件	
4	查明沿线筑路材料的类别、料场位置、储量和采运条件	
5	查明公路工程建筑场地的地震基本烈度，并按设计需要，对大型公路工程建筑物场地进行场地烈度鉴定或地震安全评价	对有地震设防要求的建筑物，应判定场地和地基的地震效应，取得相关的岩土动力参数
6	提供编制初步设计文件所需的地质资料	
备注	初勘工作可按准备工作、工程地质选线、工程地质调绘、勘探、试验、资料整理等顺序进行	

3）详细工程地质勘察

详细工程地质勘察工作的目的，是根据已批准的初步设计文件中所确定的修建原则、设计方案、技术要求等资料，有针对性地进行工程地质勘察工作，为确定公路路线、工程构造物的位置和编制施工图设计文件，提供准确、完整的工程地质资料，其任务和内容见表2-1-3。

详细工程地质勘察的任务和内容表　　　　表2-1-3

序号	详勘的任务	详勘的内容
1	在初勘的基础上，根据设计需要进一步查明建筑场地的工程地质条件，最终确定公路路线和构造物的布设位置	查明建筑物范围内的地层结构情况，对岩土物理力学性质、承载能力及变形特性做出正确评价
2	查明构造物地基的地质结构、工程地质及水文地质条件，准确提供工程和基础设计施工必需的地质参数	提供针对不良地质现象的防治工程设计和施工所需的计算指标及资料
3	根据初勘拟订的对不良地质、特殊性岩土防治的方案，具体查明其分布范围、性质，提供防治设计必需的地质资料和地质参数	查明地下水的埋藏条件、动态变化幅度及规律和侵蚀性，必要时还应查明岩土体的渗透性、固结特性等
4	对沿线筑路材料料场进行复核和补勘，最后确定施工时所采用的料场	判定地基岩土和地下水在建筑物施工和使用中可能产生的变化及影响，提出相应的应对措施
备注	详勘工作可按准备工作、沿线工程地质调绘、勘探、试验、资料整理等顺序进行	

1.1.2 道路工程地质勘察方法

1）工程地质勘探

任何工程地质条件及工程地质问题，从地表到地下的研究，从定性到定量的评价，都离不开勘察、物探工作。工程地质勘探包括物探、钻探、简易钻探、挖探等。

（1）物探。它是利用专门仪器测定岩层物理参数（如岩层的导电性、弹性、磁性、放射性和密度等），通过分析地球物理场的异常特征，再结合地质资料，便可了解地下深处地质体的情况。物探一般包括电法勘探、地震勘探、重力勘探、磁法勘探和放射性勘探等。工程地质勘察中常用的是电法勘探和弹性波勘探，布置物探线如图2-1-2所示。与其他勘探方法相比，物探具有速度快、效率高、成本低、搬运轻便等优点。其不仅能对地质现象进行定性解释，还能给予定量分析。有少量钻探配合，则效果更好。

图2-1-2 布置物探线

（2）钻探。它是工程地质勘察中极为重要的手段，在整个工程地质勘察投资中的费用往往很大。因此，工程地质人员在勘察工作中，如何有效地使用钻探并合理布置其工作量，尽可能地取得详细准确的资料，深入了解地下地质结构，显得尤为重要。钻探工作（图2-1-3）应在测绘和物探的基础上进行，按勘察阶段、工程规模、地质条件的复杂程度，有目的、有计划地布置勘探线网。

（3）简易钻探。它是道路工程地质勘探中经常采用的方法，其优点是：体积小，操作简便，进尺较快，劳动强度小。其缺点是：不能采用原状土样，在密实或坚硬地层内不易钻进或不能使用。常用的简易钻探工具有洛阳铲、锥探和小螺纹钻（图2-1-4）等。其中，小螺纹钻是用人工加固回转转进的，适用于黏性土地层，采取扰动土样，钻进深度一般为4~6m。

图2-1-3 钻探工作

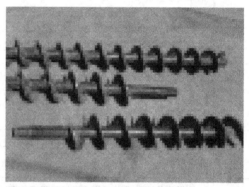
图2-1-4 简易钻探工具

（4）挖探。它是工程地质勘探中最常用的一种方法，可分为坑探和槽探。它是用人工或机械的方式进行挖掘坑、槽，以便直接观察岩土层的天然状态以及各地层之间接触关系等地质结构，并能取出接近实际的原状结构土样。该方法的特点是地质人员可以直接观察地质结构细节，准确可靠，且可不受限制地取得原状结构试样。因此，其对研究风化带、软弱夹层、断层破碎带有重要的作用，常用于了解覆盖层的厚度和特征。它的缺点是可达的深度较浅，且易受自然地质条件的限制。

①坑探。坑探即垂直向下掘进土坑，浅者称试坑，深者称探井。断面一般采用1.5m×1.0m的矩形，深度一般为1.5~2m，探井深度为2~4m。坑探用以揭示覆盖层的厚度和性质，如图2-1-5所示。

②槽探。槽探是挖掘一种长槽形开口的坑道，宽0.6~1m，长度视需要而定，深小于3m。常用于追索构造线，查明坡积层、残积层的厚度和性质，揭露地层层序等，如图2-1-6所示。

2）工程地质野外试验

野外试验是工程地质勘察中经常用到的重要勘察方法，是获得工程地质问题定量评价和工程设计及施工所需参数的主要手段。

（1）野外试验。能在天然条件下测定较大岩土体的各种性能，所得资料更符合实际，更能反映岩体由于层理、软弱夹层及裂隙等的切割而造成的非均质性及各向异性。但它需要许多大型设备，费时且昂贵，所以一般多在后期勘察阶段中采用，以便为详细设计计算提供指标。工程地质勘察中常用的野外试验有三大类：①水文地质试验：钻孔压水试验、抽水试验、渗水试验、岩溶连通试验等；②岩土力学性质及地基强度试验：荷载试验、土大型剪力试验、触探、岩体弹性模量测定、地基土动力参数测定等；③地基处理试验：灌浆试验、桩基承载力试验等。

图 2-1-5 坑探

图 2-1-6 槽探

（2）长期观测。有些动力地质现象及地质营力随时间的推移将不断地产生变化，尤其在工程活动影响下，某些因素和现象将发生显著变化，从而影响工程的安全、稳定，这时仅靠工程地质测绘、勘探、试验等工作，还不能准确预测和判断各种动力地质作用的规律性及其对工程在使用年限内的影响，因此必须进行长期观测工作。长期观测的主要任务是检验测绘、勘探对工程地质条件评价的正确性，查明动力地质作用及其影响因素随时间的变化规律，准确预测工程地质问题，为设计不良地质作用防治措施提供可靠的工程地质依据，检查针对不良地质作用而采取的处理措施的效果。工程地质勘察中常进行的长期观测有：与工程有关的地下水动态观测、物理地质现象的长期观测、建筑物建成后与周围地质环境相互作用及动态变化的长期观测等。

（3）内业整理。内业整理是工程地质勘察工作的重要环节，是工程地质勘察成果质量的最终体现。其任务是将测绘、勘探、试验和长期观测的各种资料进行认真系统的整理和全面的综合分析，找出各种自然地质因素之间的内在联系和规律性，对建筑场区的工程地质条件和工程地质问题做出正确评价，为工程规划、设计及施工提供可靠的地质依据。内业整理要反复检查核对各种原始资料的正确性，并及时整理、分析，查对清绘各种原始图件，整理分析岩土各种试验成果，编制工程地质图件，编写工程地质勘察报告。

1.2 道路工程地质勘察

1.2.1 道路路线工程地质勘察

道路是陆地上绵延长度极大的线形构筑物。道路结构由三类构筑物所组成：第一类为路基，是道路的主体构筑物，包括路堤和路堑；第二类为桥隧，如桥梁、隧道、涵洞等，是为了使道路跨越河流、山谷、不良地质现象地段和穿越高山峻岭或河、湖、海底；第三类是防护构筑物，如明洞、挡土墙、护坡、排水盲沟等。在不同的道路中，各类构筑物的比例也不同，主要取决于路线所经地区工程地质条件的复杂程度。

1）目的和任务

（1）查明各条路线方案的主要工程地质条件，合理确定路线布设，重点调查对路线方案与路线布设起控制作用的地质问题。

（2）沿线土质地质调查：根据选定的路线方案和确定的路线位置，对中线两侧一定范围内的地带，进行详细的工程地质勘察，为路基路面的设计和施工提供可靠的资料。

（3）查明填方地段所用路基填筑材料的变形和强度性质，充分发掘、改造和利用沿线的一切就近材料。

2）线路的基本类型及其特点

（1）河谷线：一般坡度缓，线路顺直，工程简易，施工方便，但在平原河谷选线时常遇有洪水冲毁的危害；丘陵河谷的坡度大，阶地常不连续，河流、泥石流冲刷或淹埋线路，遇支流时需修较大桥梁；山区河谷，弯曲陡峭，不良地质现象发育，桥隧工程量大。

（2）山脊线：地形平坦，挖方量少，无洪水，桥隧工程量少，但山脊宽度小，不便于工程布置和施工；有时地形不平，地质条件复杂；若山脊全为土体组成，则需外运道渣。

（3）山坡线可以选任意线路坡度，路基多采用半填半挖，但线路曲折，土石方量大，桥隧工程多。

（4）越岭线：能通过巨大山脉，降低道路坡度并缩短距离，但地形崎岖，展线复杂，不良地质现象发育，要选择适宜的垭口通过。

（5）跨谷线：需造桥跨过河谷或山谷，其优点是缩短线路和降低坡度，但工程量大，费用高，需选择河面窄、河道顺直、两岸岩体稳定的地方通过。

在选线中，经过技术经济比较，选出最优方案。线路一经选定，则对今后的运营带来长期而深远的影响，一旦发现问题再改线，即使局部改线，也会造成很大的浪费。因此，选线的任务繁重，技术问题复杂，必须全面而慎重地考虑。

3）道路路线工程地质问题

路基是道路的主体构筑物，道路的工程地质问题主要是路基工程地质问题。在平原地区比较简单，路基工程地质问题较少，但在丘陵和山区，尤其是在地形起伏较大的山区修建道路时，往往需要通过高填或深挖才能满足线路最大纵向坡度的要求。因此，路基的主要工程地质问题是路基边坡稳定性问题、路基基底稳定性问题以及天然构筑材料问题等。

（1）路基边坡稳定性问题。边坡都具有一定的坡度和高度，边坡岩土体均处于一定的应力状态，在自身重力作用、河流冲刷或工程结构物的影响下，边坡会发生不同形式的变形与破坏，其破坏形式主要表现为滑坡和崩塌。路堑边坡不仅可能产生滑坡，且在一定条件下，还可能引起古滑坡复活。当施工开挖使其滑动面临空时，易引起处于休止阶段的古滑坡重新活动，造成滑坡灾害。滑坡对路基的危害程度，主要决定于滑坡的性质、规模，滑体中含水情况，以及滑动面的倾斜程度。

（2）路基基底稳定性问题。路基基底不稳定多发生于填方路堤地段，其主要表现形式为滑移、挤出和塌陷。一般路堤和高填路堤都要求路基基底有足够的承载力，不仅能承受车辆在运营中产生的动荷载,而且还能承受很大的填土压力。基底土的变形性质和变形量的大小主要取决于基底土的物理力学性质、基底面的倾斜程度、软弱夹层或软弱结构面的性质与产状等。当高填路堤通过河漫滩或阶地时,若基底下分布有饱水厚层淤泥,往往使基底产生挤出变形。若路基基底为不良土,应进行路基处理或架桥通过或改线绕避等。

(3)建筑材料问题。路基工程需要用到多种天然构筑材料,包括道渣、土料、片石、砂和碎石等,不仅需求量较大,而且,各种建筑材料产地最好沿施工路线两侧零散分布。但在山区、平原和软岩山区,常常找不到强度符合要求的填料、护坡片石和道渣等,因此,寻找符合要求的天然建筑材料有时成为道路选线的关键性问题,常常被迫采用高桥代替高路堤的设计方案,提高了道路工程的造价。

4) 道路路线工程地质勘察的内容
(1) 沿线的地形、地貌和地质构造。
(2) 不良地质、特殊岩土的类型、性质及分布。
(3) 大型路基工程场地的地质条件。
(4) 路基填筑材料的来源。
(5) 预测可能产生工程地质病害的地段、病害性质及对工程方案的影响。
(6) 勘察范围为沿路线两侧各宽 150~200m。

以上内容皆通过《道路工程地质调查记录簿》记录下来,记录的格式如下。
记录簿上方要填写:
调查者:　　　　　　　　年　月　日　天气:　　　　　　第＿＿＿＿页
记录簿左侧是道路沿线(包含桥、涵及构筑物等)地质现象的文字记录和描述(图2-1-7左侧)。
记录簿右侧为野外地形、地貌等的示意图或简单的地质素描图(图 2-1-7 右侧)。
记录时一律采用铅笔书写,不得涂改。

图 2-1-7　道路工程地质调查记录

1.2.2 道路桥梁工程地质勘察

桥梁是为道路跨越河流、山谷或不良地质现象发育地段等而修建的构筑物,是道路工程中的重要组成部分,也是道路选线时应考虑的重要因素之一,大、中型桥梁的桥位往往是路线方案比选的控制因素。桥梁工程的特点是通过桥台和桥墩把桥梁上的荷载,如桥梁本身自重、车辆和人行荷载等,传递到地基中去。桥梁工程一般是建造在沟谷和江河湖海上,这些地区本身工程地质条件就比较复杂,加之桥台和桥墩的基础需要深挖埋设,从而造成了一些更为复杂的工程地质问题。

1) 桥梁工程地质问题

桥梁的主要工程地质问题集中于桥墩和桥台,包括桥墩和桥台地基稳定性、桥台的偏心受压、桥墩和桥台地基基础的冲刷问题等。

(1) 桥墩和桥台的地基稳定性。桥墩和桥台的地基稳定性主要取决于桥墩和桥台地基中岩土体的承载力,后者是桥梁设计的重要力学参数之一,对选择桥梁的基础和确定桥型起决定性作用,并且影响工程造价。

桥墩和桥台的基底面积虽然不大,但是由于桥梁工程处于地质条件比较复杂的地段,不良地质现象严重影响桥基的稳定性。如在溪谷沟底、河流阶地、古河湾及古老洪积扇等处修建桥墩和桥台时,往往遇到强度很低的饱水淤泥和淤泥质软土层,有时也遇到较大的断层破碎带、近期活动的断裂,或基岩面高低不平、风化深槽、软弱夹层,或深埋的古滑坡等地段,这些均能使桥墩和桥台基础产生过大沉降或不均匀下沉,甚至造成整体滑动。

(2) 桥台的偏心受压。桥台除了承受垂直压力外,还承受岸坡的侧向主动土压力。在有滑坡的情况下,其还受到滑坡的水平推力作用,使桥台基底总是处在偏心荷载作用下。桥台的偏心荷载还会由于车辆在桥梁上行驶突然中断而产生,这种作用对桥台的稳定性影响很大。

(3) 桥墩和桥台地基基础的冲刷。桥墩和桥台的修建,使原来的河槽过水断面减小,局部增大了河水流速,改变了流态,对其地基基础的冲刷加剧。有时可把河床中的松散沉积物局部或全部冲走,进而使桥墩和桥台的地基和基础直接受到流水冲刷,严重影响桥梁结构的安全。

2) 桥梁的工程地质勘察要点

(1) 初步设计勘察阶段。初步设计勘察阶段的目的在于查明桥址各线路方案的工程地质条件,并对与建桥适宜性和稳定性有关的工程地质条件做出结论性评价,为选择最优方案、初步论证桥梁基础类型和施工方法提供必要的工程地质资料。此阶段的勘察要点如下:

①查明河谷的地质及地貌特征,覆盖岩土层的性质、结构和厚度,基岩的地质构造、性质和埋藏深度。

②确定桥梁基础范围内的基岩类型,获取其强度指标和变形参数。

③阐明桥址区内第四纪沉积物及基岩中含水层状况、水头高以及地下水的侵蚀性,并进行抽水试验,研究岩石的渗透性。

④论述滑坡及岸边冲刷对桥址区内岸坡的稳定性的影响,查明河床下岩溶发育情况及区域地震基本烈度等问题。

(2)施工设计勘察阶段。施工设计勘察阶段是为选定的桥址方案提供桥墩和桥台施工设计所需要的工程地质资料。该阶段的勘察要点如下:

①探明桥墩和桥台地基的覆盖层及基岩风化层的厚度、岩体的风化与构造破碎程度、软弱夹层情况和地下水状态;测试岩土的物理力学性质,提供地基的基本承载力、桩壁摩阻力、钻孔桩极限摩阻力,为最终确定桥墩和桥台基础埋置深度提供地质依据。

②提供地基附加应力分布线计算深度内各类岩石的强度指标和变形参数,提出地基承载力参考值。

③查明水文地质条件对桥墩和桥台地基基础稳定性的影响。

④查明各种不良工程地质作用对桥梁施工过程和成桥后的不利影响,并提出预防和处理措施的建议。

1.2.3 道路隧道工程地质勘察

1)隧道位置选择的一般原则

(1)隧道洞身位置选择。主要以地形、地质为主,综合考虑。在实际工作中,宜首先排除显著不良地质地段,按地形条件拟订隧道及接线方案,然后再进行深入的地质调查。综合各方面因素,最后选定隧道洞身的位置。

①选择地质构造简单、地层单一、岩性完整、无软弱夹层、工程地质条件较好的地段,在倾斜岩层中,以隧道轴线垂直岩层走向为宜。

②选择在山体稳定、山形较完整、山体无冲沟、无山洼等地形切割不大、岩层基本稳定的地段通过。

③选择地下水影响小、无有害气体、无矿产资源和不含放射性元素的地层通过。隧道通过工程地质及水文地质条件极复杂地段,一般伴随有特殊不良地质问题发生,而这些问题的发生有一个漫长的变化过程,在一般勘察阶段的短短几个月中是难以对这些问题有深入的了解的,所以,对其变化规律的认识和预测它的发展,需要安排超前工程地质和水文地质工作。

④对低等级道路隧道选址,原则上应尽量避让各种不良地质现象地段,但对于高等级道路,往往受路线等级的限制,不可避免地要经过各种不良地质现象地段。在不良地质现象区选择隧道位置总的原则是:尽量避让,以免对隧道造成毁灭性、破坏性影响;尽量选择在影响范围小、影响距离短、影响时间短的地段;通过各方面因素综合考虑,把不良地质的影响减小到最低限度。

(2)洞口位置选择。洞口位置选择应分清主次,综合考虑,全面衡量。在保证隧道稳定性、安全性、没有隐患的前提下再考虑造价、工期等因素。一般应根据周围的地质环境、地表径流、人工构造物、地表和地下水体等因素对隧道的影响综合考虑。对于高速公路、一级公路和风景区隧道的洞门设计,力求与环境相协调,隧道洞门应与隧道轴线正交。关于隧道洞口位置选择的具体要求如下:

①确保洞口、洞身的稳定,不留地质隐患。

②便于施工场地布置,便于运输和弃渣处理,少占或不占耕地。
③洞口外接线工程数量少、里程短、工程造价低。
④对于水下隧道,主要应考虑地表水对洞口倒灌的影响。

2)隧道工程地质勘察要点

(1)初步勘察阶段。主要是通过地表露头的勘察或采用简单的揭露手段来查明隧道区地形、地貌、岩性、构造等,以及它们之间的关系和变化规律,从而推断不完全显露或隐埋深部的地质情况。通过测绘,主要弄清对隧道有控制性的地质问题(如地层、岩性、构造等),进而对隧道工程地质与水文地质条件做出定性的评价。

对不良地质现象地区隧道应充分利用现有的地质资料和航空照片、卫星照片等遥感信息资料,通过大量的野外露头调查或人工简易揭露等手段来发现、揭露不良地质现象的存在,找出它们之间的关系以及变化规律。

(2)详细勘察阶段。详勘内容主要有三个方面:一是核对初勘地质资料;二是勘探查明初勘未查明的地质问题;三是对初勘提出的重大地质问题做深入细致的调查。

①地质调查与测绘的范围、测点、物探网的点线范围和布设,物探方法的运用和钻探孔、坑、槽的数量与位置等,应与初勘时未能查明的地质条件相适应,但对隧道影响大的构造和复杂地质地段,勘察追踪范围可适当放大。

②重点调查隧道通过的严重不良地质、特殊地质地段,以确定隧道准确位置的工程地质条件。

③实地复核、修改、补充初勘地质资料,对初勘遗漏、隐蔽的工程地质问题,应适当加大调绘范围和工作量。

1.2.4 道路特殊地质、不良地质地区(地段)以及路基、路面的工程地质勘察

1)特殊地质、不良地质地区工程地质勘察

特殊地质地段及不良地质现象,如泥沼及软土、黄土、膨胀土、盐渍土、多年冻土、岩堆、崩塌、滑坡、泥石流、冰川、雪崩、积雪、涎流水、沙漠、岩溶等,往往影响路线方案的选择、路线的布设与构造物的设计,在工程地质勘察的各个阶段均应将其作为重点,进行逐步深入的勘测,查明其类型、规模、性质、发生原因、发展趋势、危害程度等,提出绕越依据或处理措施。

2)路基、路面工程地质勘察

在初测、定测阶段,根据选定的路线方案和确定的路线位置,对中线两侧一定范围的地带进行工程地质勘察,为路基、路面的设计和施工提供土质、地质、水文方面的依据。其中,详勘阶段主要是进行定量调查,取得有关的资料,对一般路基或比较特殊的路基(如高填路堤、深挖路堑等)均要进行详细的勘探与试验。

1.2.5 天然建筑材料勘察

修建公路需要大量的筑路材料,其中绝大部分材料都是就地取材,特别如石料、砾石、砂、黏土、水等天然材料更是如此。这些材料品质的好坏和运输距离的远近等,直接影响工程的质量和造价,有时还会影响路线的布局。筑路材料勘察的任务是充分发掘、

改造和利用沿线的一切就近材料,当就近材料不能满足要求时,则由近及远地扩大调查范围,以求得数量足够、品质适用、开采及运输方便的筑路材料产地。

1) 勘察的内容

天然建筑材料勘察的内容包括筑路材料的储量、位置、品质与性质、运输方式及距离,以及用于公路工程的可能性、实用性等。

筑路材料调查记录格式如图2-1-8b)所示。

记录簿上方要填写:

调查者:　　　　　　　　　年　月　日　天气:　　　　　　　　　第_____页

记录簿左侧是料场描述及照片或素描图,如图2-1-8a)所示。

记录簿右侧为料场详细记录,其记录的内容依次为:材料名称,位置,料场编号,料场地形图号,材料的品种,规格及质量,料场位置地形,地物及地表覆盖物概略描述,运输方式、运距及运输条件,取样试样情况等。这些资料须在野外进行详细调查并记录,如图2-1-8b)右侧所示。

记录时,一律采用铅笔书写,不得涂改。

图2-1-8　筑路材料调查

a)料场实地图;b)筑路材料调查记录簿

特别强调以下两点:

(1)勘察天然建筑材料是在拟定的建筑场地附近(水工料场以建筑场地为中心、3km为半径的范围内)调查各种天然建筑材料的产地位置、大致质量和数量、开采运输条件等,如图2-1-8a)所示。在调查中要配合适当的勘探工作,一般可采用坑、槽探,水下部分可采用钻探,利用岩芯法取样进行室内试验,以初步取得其质量指标。

(2)为了降低工程造价,水工天然建筑材料产地的选择,必须在保证质量和数量要求的前提下,根据以下原则加以考虑:由近而远;先上游后下游;先开采运输条件好的,后开采运输条件差的;先集中产地,后分散产地;对于线状(公路)建筑物,则应沿线选择建材产地。

2) 天然建筑材料的用途

天然建筑材料的用途很广,概括起来主要有以下几方面。

（1）条石。条石是人工开凿、形状比较规则的条形石块。用于条石拱坝、地下建筑物衬砌等方面。

（2）块石。亦称为片石，是用作堆石坝和堆石围堰的主要材料，也可用于砌筑圬工基础和桥梁墩台、挡土墙以及铺砌排水建筑物等。当卵、砾石料缺乏时，也可用块石作为制造碎石的原料。某些具有特殊成分的块石如石灰岩、白云岩、泥灰岩和泥岩等，又是制造水泥的原料。

（3）砾石和卵石。其主要用作混凝土集料和道渣，也可用作排水设施（反滤层）的填料。

（4）砂料和土料。它是用于填筑土坝及土堤的主要材料，也是烧制砖瓦等人工建筑材料的原料。

3）天然建筑材料的质量要求

不同工程建筑对所采用的天然建筑材料有不同的质量要求。下面扼要地叙述几种最常用的天然建筑材料的质量要求。

（1）用作混凝土集料的卵、砾石和砂。

①卵、砾石或碎石。卵、砾石或碎石是混凝土的粗集料，其质量对混凝土强度的影响很大。一般组成卵、砾石或碎石的岩石应坚硬，软弱岩石的碎块含量应小于5%；不得含有黏土团块，砾石表面不得附有黏土膜；蛋白石与胶体状硅化物的含量不得超过8%；硫酸盐及硫化物含量应小于1%；应尽可能不含有机质成分；松散密度应大于$1.6 \times 10^3 kg/m^3$。浑圆、扁平或狭长的砾石都会降低混凝土的强度，针片状的含量不应超过15%；尖角状且表面粗糙的砾石则可提高混凝土的强度，所以碎石混凝土的强度一般要比砾石混凝土的强度高10%~15%，故高强度的混凝土最好采用碎石作粗集料。

②砂。砂是混凝土的细集料，其颗粒形状对混凝土的强度影响也很大。砂有粗、中、细之分，细砂总表面积较大，包围这种砂粒所需的水泥浆较多；粗砂总表面积较细砂小，但若砂子过粗又会使混凝土因拌和时无过多水分析出（工程上称为泌水现象）而影响混凝土的和易性。故拌混凝土的砂不能过细也不能过粗，而宜用混合砂。有棱角的山砂与水泥的结合力较浑圆的河砂高，但山砂中混有较多杂质，由于淘洗相当困难，故应尽量采用较纯净的河砂。

（2）用于反滤层的砂和砾石。反滤层的作用是既预防潜蚀，又阻碍细颗粒通过反滤层的孔隙随水流走，它必须能顺利地排水以降低孔隙水，又具有较强的渗透性而又不易被溶解和自行淤塞。其具体要求是：卵、砾石应未经风化且耐风化，坚硬且不易为水所软化和溶解；渗透性大，其渗透系数至少应为被保护土渗透系数的50~100倍；有机质含量和可溶性盐的含量与坝体土料的要求相同；卵、砾石应有较高的抗冻性，本身的孔隙率最好都不要超过4%；砂和砾石中粒径小于0.1mm的颗粒（即含泥量）不应大于5%，且不应含有大量粒径小于0.05mm的粉土和黏土颗粒，如含量超过上述要求，应进行淘洗和过筛分选。

（3）用于道渣材料的砾石及砂。最好的道渣材料是碎石，天然产出的卵、砾石经过筛选并掺入适量碎石后，也可作为较好的道渣材料。

4）天然建筑材料的储量计算

（1）可采层界限的确定。为了进行储量计算，必须确定可采层边界，以圈定其分布范围。可采层的界限可分为上、下限和侧限。上限一般以上覆盖层的底板为界；下限则到可采层的下接口为止。当可采层的厚度较大，一部分处在地下水位以下时，则可分为水上储量和水下储量，两者的界限一般以枯水期的地下水位为准，此接口及其以下直到可能开采的最大深度为止即为水下储量的上、下限。侧限则根据可采层的延伸情况，结合周围地形和已有建筑物情况进行考虑，对可采层范围内的无用夹层，应按其实际厚度划出，计算后应从可采层中扣除。

（2）储量计算的方法。

①平均厚度法。当地形平坦、可采层厚度比较稳定、勘探点布置均匀时，采用此法很容易用算术平均值法求得可采层的平均厚度，乘以根据可采层的界限而确定的计算面积，即可得到体积。

②平行断面法。当可采层稍有仰面斜，勘探坑孔布置基本为互相平行的勘探线，即采用勘探断面来控制储量计算。根据各断面可采层的长度和厚度，即可算出各断面上可采面积 F_i，相邻断面间距 L_i 是知道的，这样就可逐个算出相邻两断面间可采层的体积 V_i。例如，$V_1=(F_1+F_2)L_1/2$。

把 V_i 相加，即可得到该产地某一可采层体积之总和。

③三角形法。当产地的地形高差变化较大，可采层厚度不稳定，勘探坑孔间距不等或勘探线不够规则时，可将各勘探点相互连成三角形网，各个三角形的面积乘以其三个顶点的可采层平均厚度，即可分别求得各三角形范围内可采层的体积，然后逐一相加，即可得到可采层的总体积。

④等值线法。当勘探坑孔的数量很多，足以精确地画出开采层的等厚线，用等值层间的面积乘以相应的可采层厚度，即可逐步计算出可采层的体积。这一方法足够精确，但绘制等值线较复杂，若勘探坑孔的数量较少，则此法的精度也就会显著降低，乃至不宜采用。

必须指出，用以上方法计算出来的只是可采层的体积，而设计所需要的储量，对于石料还需乘以成料率，砂砾石料还需乘以含砂率和含砾率，才能得到勘探储量。

本任务小结

道路工程地质勘察的根本任务是查明工程地质环境中的工程地质条件和不良地质现象，预测工程施工和使用过程中可能发生的地质灾害，并提出相应的对策和措施，为工程建设提供完整的工程地质资料。因此，岩土工程勘察工作是工程建设的基础工作。

道路路线的主要工程地质问题集中于桥墩和桥台，包括桥墩和桥台地基稳定性、桥台的偏心受压、桥墩和桥台地基基础的冲刷问题等。

道路隧道在施工阶段遇到的工程地质问题是围岩压力和地下水。

思考题

1. 简述公路工程地质勘察的目的及勘察工作的内容和任务。
2. 工程地质勘察的方法有哪些？常用的勘探方法有哪几种？
3. 试分析公路路基勘察中的主要工程地质问题。
4. 简述道路工程和桥梁工程中所遇到主要工程地质问题和勘察要点。

学习任务2　识读工程地质图

2.1　地　质　图

2.1.1　普通地质图

普通地质图是反映各种地质现象和地质条件的图件，它由野外地质勘探的实际资料编制而成，是地质勘测工作的主要成果之一。

普通地质图是指以一定的符号、颜色和花纹将某一地区各种地质体和地质现象（如各种地层、岩体、构造等的产状、分布、形成时代及相互关系）按一定比例综合概括地投影到地形图上的一种图件，如图2-2-1所示。

除了综合表示各基本地质现象的地质图外，还有着重表示某一方面地质现象的专门地质图件。如反映第四纪地层的成因类型、岩性和生成时代，以及地貌成因类型和形状特征的地貌及第四纪地质图；反映地下水的类型、埋藏深度和含水层厚度、渗流方向等的水文地质图；综合表示各种工程地质条件的工程地质图等。

工程建设的规划、设计、施工阶段，都需要以地质勘测资料作为依据，而地质图件是可直接利用且使用方便的主要图表资料。因此，学会编制、分析、阅读地质图件的基本方法是很重要的。

1）普通地质图的规格

一副正规的地质图应该有图名、比例尺、方位、图例和责任表（包括编图单位、负责人员、编图日期及资料来源等），图的左侧为综合地层柱状图，有时还在图的下方附剖面图。

（1）图名。图名表明图幅所在的地区和图的类型。一般以图区内主要城镇、居民点或主要山岭、河流等命名。

（2）比例尺。比例尺用以表明图幅反映实际地质情况的详细程度。地质图的比例尺与地形图或地图的比例尺一样，有数字比例尺和线条比例尺。比例尺一般注于图框外上方、图名之下或下方正中位置。比例尺的大小反映了图的精度，比例尺越大，图的精度

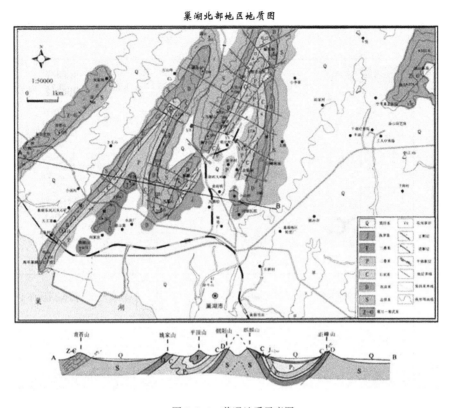

图 2-2-1 普通地质示意图

越高,对地质条件的反映越详细。比例尺的大小取决于地质条件的复杂程度和建筑工程的类型、规模及设计阶段。

(3)责任表。图框外右上侧应写明编图日期,左下侧注明编图单位、技术负责人及编图人,右下侧注明引用资料(如图件)的单位、编制者及编制日期。也可将上述内容列绘成"责任表",放在图框外右下方。

(4)图例。图例是一张地质图不可缺少的部分,不同类型的地质图有其不同的表示地质内容的图例。普通地质图的图例用各种规定的颜色和符号来表明地层、岩体的时代和性质。图例通常是放在图框外的右边或下边,也可放在图框内足够安排图例的空白处。图例要按一定顺序排列,一般按地层、岩石和构造的顺序排列。

①地层图例的安排是从上到下、由新到老;如果放在图的下方,一般是按由左向右、从新到老排列。图例都画成大小适当的长方形格子,排成整齐的行列。方格内标的颜色和符号与地质图上同层位的颜色和符号相同,并在方格外适当位置注明地层时代和主要岩性。已确定时代的喷出岩、变质岩要按其时代排列在地层图例的相应位置上。

②构造符号的图例放在地层、岩石图例之后,一般的排列顺序是:地质界线、断层、节理等。凡图内表示出的地层、岩石、构造及其他地质现象都应有图例,断层线应用红色线表示。常见道路工程地质图例见表 2-2-1。

常见道路工程地质图例 表 2-2-1

序号	地质名称	图例			
1	土	填筑土; 草皮; 种植土; 黏土(轻、重); 粉土	黄土; 碎石土; 漂石土; 块石土; 砂姜石	淤泥; 冰碛层; 冰层(断面图用); 石膏土; 盐渍土	泥炭土; 粉、细、中、粗、砾砂(细); 圆砾土; 角砾土; 卵石土
2	地质构造	层理产状 35°; 垂直节理; 平移断层 80°; 断层破碎带(断面图用,箭头表示上下盘移动方向); 不整合接触线	节理产状 20°; 水平地层	垂直地层(箭头指顶面); 张开节理产状 80°; 正断层的产状 70°(齿侧为下落部分,虚线为推断部分); 逆断层的产状 30°(齿侧为下落部分,虚线为推断部分); 逆掩断层的产状 20°(齿侧为下落部分,虚线为推断部分)	
3	沉积岩	砾岩; 砂岩	泥岩(黏土岩); 石灰岩	角砾岩; 页岩	泥灰岩; 炭质灰岩
4	岩浆岩	玄武岩; 花岗斑岩	花岗岩; 安山岩	粗面岩; 流纹岩	
5	变质岩	片岩; 板岩	大理岩; 硅质灰岩	千枚岩; 绿泥片岩	白云大理岩; 石英岩

续上表

序号	地质名称	图 例					
6	水文地质	抽水(提水)试验井		地下水等水位线或基岩等高线		井(有水的)	
		压水试验孔		取水样钻孔		井(干枯的)	
		地下水深度 3.5m (平面图用)		抽水(提水)试坑		上升泉	
		地下水位线		取水样试坑		下降泉	
7	地质界限	不良地质界线		工程地质分区界线		岩层分界线(平面图用)	
		Ⅱ 工程地质分区编号		岩层分界线(断面图用,虚线为推断部分)		Ⅲ 土石工程分级(断面图用)	
		岩层风化带分界线(断面图用)		Ⅱ-Ⅱ 地质剖面线及编号			

2)普通地质图上反映的地质条件

(1)用等高线表示地貌的原理。在地形测绘中,表示地貌的方法很多,对于大比例尺地形图通常用等高线表示。等高线是地面上高程相等的相邻点连接而成的闭合曲线,如图2-2-2、图2-2-3所示。

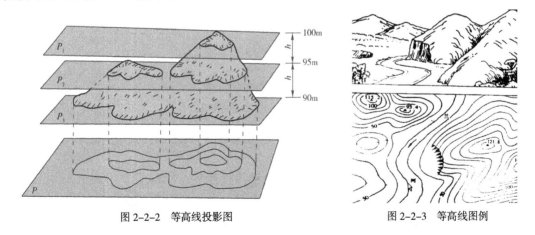

图2-2-2 等高线投影图   图2-2-3 等高线图例

以下是几种用等高线表示的典型地貌:

①山头与洼地。地形相反,地图相似:越向山头中心越高,洼地反之,如图2-2-4所示。

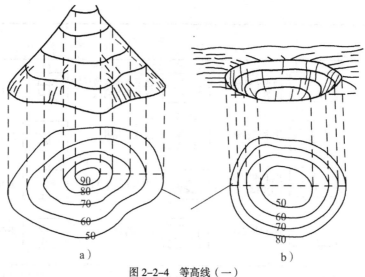

图 2-2-4　等高线（一）
a）山头的等高线；b）洼地的等高线

②山脊与山谷。山脊：向一个方向延伸的高地，其最高棱线称为山脊线，如图 2-2-5a）所示。山谷：两个山脊之间的凹地为山谷，其最低点连线为山谷线，如图 2-2-5b）所示。

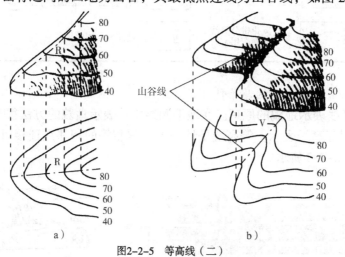

图 2-2-5　等高线（二）
a）山脊的等高线；b）山谷的等高线

③鞍部。两个山头间的低凹处，一般也是两个山脊和两个山谷的会聚处，如图 2-2-6 所示。

（2）不同产状岩层界线的分布特征。

①水平岩层。水平岩层界线与地形等高线平行或重合。

②倾斜岩层。倾斜岩层的分界线在地质图上是一条与地形等高线相交的"V"字形曲线。当岩层倾向与地面倾斜的方向相同时，在山脊处，"V"字形的尖端指向山麓，在沟谷处，"V"字形的尖端指向沟谷上游，但岩层界线的弯曲程度比地形等高线的弯曲程度要小，如图 2-2-7 所示；当岩层倾向与地形坡向一致时，若岩层倾角大于地形坡角，则岩层分界线的弯曲方向和地形等高线的弯曲方向相反；当岩层倾向与地形坡向一致时，若岩

层倾角小于地形坡角,则岩层分界线弯曲方向和等高线相同,但岩层界线的弯曲度大于地形等高线的弯曲度。

③直立岩层。岩层界线不受地形等高线影响,沿走向呈直线延伸。

④褶皱。一般根据图例符号识别褶皱,若没有图例符号,则需根据岩层的新、老对称分布关系确定。

⑤断层。一般也是根据图例符号识别断层,若无图例符号,则根据岩层分布重复、缺失、中断、宽窄变化或错动等现象识别。

⑥地层接触关系。整合和平行不整合在地质图上的表现是相邻岩层的界线弯曲特征一致,只是前者相邻岩层时代连续,而后者不连续。

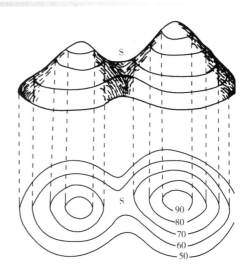

图 2-2-6　鞍部的等高线

角度不整合在地质图上的特征是新岩层的分界线遮断了老岩层的分界线。侵入接触使沉积岩层界线在侵入体出露处中断,但在侵入体两侧无错动,沉积接触表现出侵入体被沉积岩层覆盖中断。

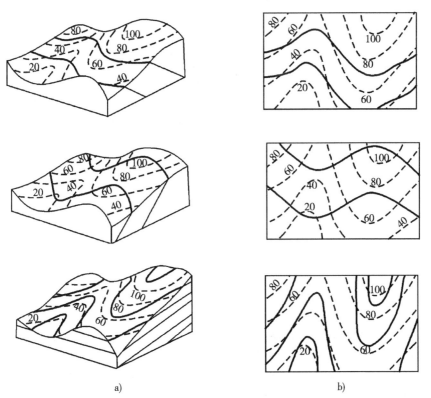

图 2-2-7　倾斜岩层在地质图上的分布特征
a)立体图;b)平面图

3）普通地质图的种类

一幅完整的地质图应包括平面图、剖面图和柱状图。

（1）地质平面图、剖面图。

①平面图是反应地表地质条件的图，是最基本的图件。

②剖面图是配合平面图，反映一些重要部位的地质条件，它对地层层序和地质构造现象的反映比平面图更清晰、更直观。正规地质图常附有一幅或数幅切过图区主要构造的剖面图，置于图的下方。在地质图上应标注出切图位置。剖面图所用地层符号、色谱应与地质图一致，如图 2-2-8 所示为某地区综合地质图，包含平面图、柱状图和剖面图。

（2）综合地层柱状图。正式的地质图或地质报告中常附有工作区的综合地层柱状图。综合地层柱状图是按工作区所有涉及地层的新老叠置关系恢复成原始水平状态切出的一个具有代表性的柱形。在柱状图中表示出各地层单位、岩性、厚度、时代和地层间的接触关系等。地层柱状图可以附在地质图的左边，也可以单独成一幅图。比例尺可据反映地层详细程度的要求和地层总厚度而定，见图 2-2-8。图名书写于图的上方，一般标为"××地区综合地层柱状图"。

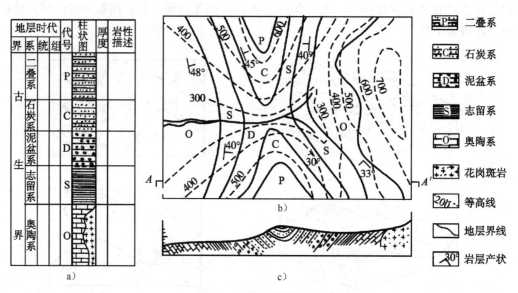

图 2-2-8 综合地质图
a）柱状图；b）平面图；c）剖面图

2.1.2 工程地质图

工程地质图是按比例尺表示工程地质条件在一定区域或建筑区内的空间分布及其相互关系的图件，是结合地质工程建筑需要的指标测制或编绘的地图。通常包括工程地质平面图、剖面图、地层柱状图和某些专门性图件，有时还有立体投影图。它以工程地质测绘所得图件为基础，并充实以必要的勘探、试验和长期观测所获得的资料编绘而成。它同工程地质报告书一起作为工程地质勘察的综合性文件，是建筑物的规划、设计和施工的重要基础资料之一。

1）工程地质图的特点与分类。

工程地质图是工程地质测绘、勘探、试验等项工作的综合总结性成果。它不像地质图或地貌图那样主要是通过测绘"制"成的，而是以地质平面图、剖面图、地层柱状图为基础图，再把通过勘探对地下地质的了解，以及通过试验取得的资料等综合起来"编"成的。根据图的比例尺，以及工程的特点和要求，还可以编绘一些其他的图作为附件。

工程地质图可按其内容和用途进行分类。

（1）按内容分类。按图的内容可分为工程地质条件图、工程地质分区图和综合工程地质分区图等。

①工程地质条件图只反映制图区内主要工程地质条件的分布与相互关系。

②工程地质分区图按照工程地质条件的相似程度，把制图范围划分成为若干个区，并可作几级划分。这种图的图面上只有分区界和各区的代号，但没有表示工程地质条件的实际资料，常通过列表说明各区的工程地质特征，并做出评价。

③综合工程地质分区图既综合表现工程地质条件的有关资料，又有分区，并对各区的建筑适宜性做出评价。一般所指的工程地质图即属此类，它是生产实际中最常用的图，如图 2-2-9 所示。

（2）按用途分类。按图的用途可分为通用工程地质图和专用工程地质图两类。

①通用工程地质图适用于各建设部门，系规划用的小比例尺图，主要反映工程地质条件区域性变化规律。它是以区域地质测量完成的 1：20 000 地质图为基础，参阅区内已有的各种专用图件，在室内编制而成。例如我国 1965 年出版的《中华人民共和国自然地图集》中的 1：10 000 000 "中国工程地质图"即属此类。

②专用工程地质图只适用于某一建设部门，其所反映的工程地质条件和做出的评价均与某种工程的要求紧密结合。如为道路建筑编制的工程地质图只需了解地表以下 10~15m 深度内的工程地质条件；渠道建筑所需的工程地质图则必须反映土、石的渗透性能；为一般工业民用建筑而编制的工程地质图，则还需反映土、石的承载能力

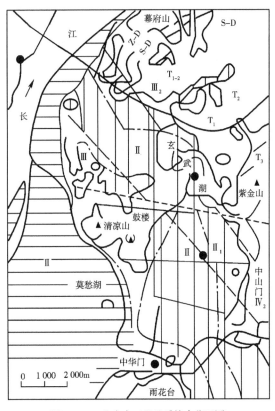

图 2-2-9　北京市工程地质综合分区图

等。中国以往的工程地质图，大多是各建设部门为满足各类工程建筑物设计和施工的需要，经大比例尺工程地质测绘而编制的专用图。这种图适用于各种比例尺，但更多地用于大、中比例尺。按其比例尺和表示的内容，专用工程地质图又分为三种。

a. 小比例尺专用工程地质图。适用于某一类建筑的规划，例如城市建筑规划，大、中河流流域规划，铁路线路方案比较等。所谓小比例尺，一般地质测绘是指小于1:500 000。小比例尺专用工程地质图一般是通过搜集已有的测绘勘探资料和航卫片判释，辅以路线踏勘和少量勘探工作成果编制而成。

b. 中等比例专用工程地质图。比例尺为1:25 000~1:10 000。在生产实际中，这种图编绘得很多，应用最广。初步设计阶段所提交的成果即属此类图。在选择建筑地址和设计建筑物配置方式时，这种图能够提供充分的依据和必要的工程地质评价，使主要建筑物得以建筑在优良的地基上，并使各附属建筑物配置在合理的位置上。这类图件的内容，大量吸取了勘探和工作的资料，可作为分析工程地质问题和提出工程地质评价的论据。

c. 大比例尺工程地质图。比例尺在1:5 000~1:1 000。编制这种图所依据的资料主要是勘探、试验和长期观测成果。图上反映的内容精确而细致，包括划分岩土单元、地貌形态、水理和力学性质指标，可用等值表示在图上，据此，可进行工程地质分区，并作出具有定量性质的工程地质评价。

2）工程地质图表示的内容

一般来说，正式的工程地质图（一般为综合工程地质分区图）上，都有工程地质条件的综合表现，并进行分区，做出工程地质评价。因此，工程地质图表示的内容主要为：

（1）地形地貌。图上表示有地形起伏，沟谷割切的密度、宽度和深度，斜坡的坡度，山地，河谷结构，阶地，夷平面及等级，岩溶地貌形态等。

（2）岩土类型单元、性质、厚度变化。图上应有基岩中的软弱夹层、松软土的厚度等。

（3）地质结构。基岩产状、褶皱及断裂，应在图上用产状符号、褶皱轴线、断层线（在大比例尺上按其实际宽度）加以表示。

（4）水文地质条件。应表示出地下水位，井泉位置，隔水层和透水层的分布，岩土含水性及富水性，地下水的化学成分及侵蚀性等。

（5）物理地质现象。一般表示有各种物理地质现象，如滑坡、岩溶、岩堆、泥石流、地震烈度及其分区、风化壳厚度等。

3）工程地质图的附图

工程地质图是由一套图组成的，前面所说的是其中的主图，其余的图件则为附图。有了附图就能使主图的内容更易理解、更加明晰，而且两者可共同反映场区工程地质条件，更充分地说明分区特征。主要附图如下：

（1）岩土单元综合柱状图。与地质图上的地层综合柱状图基本相同，所不同的是这里不是按地层划分，而是按工程地质单元划分。另外，对软弱夹层、透水性强烈的单元体还有专门说明。

（2）工程地质剖面图。根据地质剖面图、勘探资料试验成果，编制工程地质剖面图，

（3）具体分析地质构造。

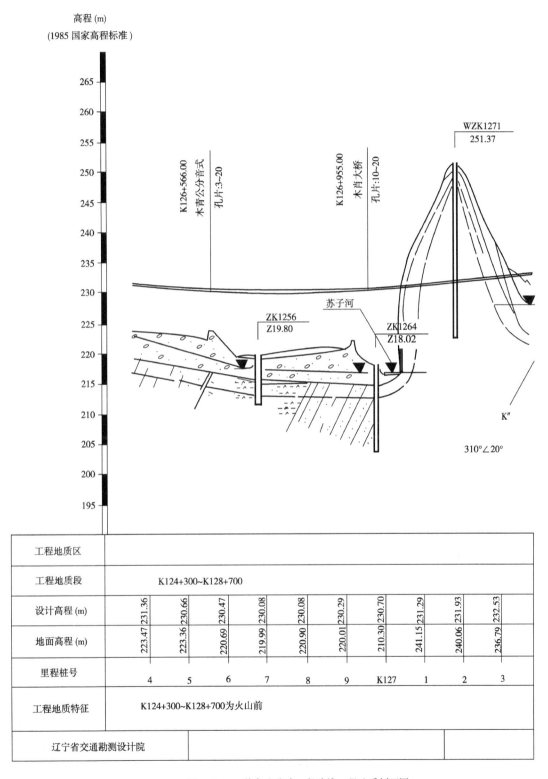

图 2-2-10 某高速公路一段路线工程地质剖面图

以揭示一定深度范围内的垂向地质结构。

（3）立体投影图。立体投影图包含 X、Y、Z 三轴线的投影图。这种图能够清楚地表示出建筑工地的地质结构，对选择建筑物的工地和预测地基稳定性有帮助。

（4）平切面图。平切面图是用以表示地下某一高程的地质结构的平面图，主要用于重大建筑物的基础底面及拱坝坝肩部位等工程地质条件较复杂处。这种图主要是根据勘探和测试资料绘制的。

2.1.3 道路工程地质图

道路工程地质图是道路工程专用的地质图，是在普通地质图的基础上，反映一个地区工程地质条件的地质图。根据具体工程项目又可细分为路线工程地质图、桥梁工程地质图、隧道工程地质图，其比例尺一般较大。

图 2-2-10 所示为某高速公路一段路线工程地质剖面图。

2.2 地质图识读

2.2.1 地质图的阅读分析

1）地质图阅读

一幅地质图反映了该地区各方面的地质情况。在一定的地形图和地图知识的基础上，应该按照图名、比例尺和图例的顺序读地质图，综合分析各种地质现象之间的关系及规律性。

从图名和图幅代号、经纬度，了解图幅的地理位置和图的类型；根据比例尺可以了解图上线段长度、面积大小和地质体大小以及反映的详略程度；图幅应编绘出版年月和资料来源，便于查明工作区研究史。

在比例尺较大（大于 1∶50 000，如图比例尺是 1∶5 000，即图上 1cm 相当于实地距离 50m）的地形地质图上，从等高线形态和水系可了解地形特点。在中小比例尺（1∶100 000~1∶500 000）地质图上，一般无等高线，可根据水系分布、山峰高程的分布变化，认识地形的特点。通过图例、比例尺可以了解图示地区出露哪些岩层及其新老关系。看图例也可以知道缩小的程度。

2）读图步骤与要求

熟悉图例是读图的基础。首先要熟悉图幅所使用的各种地质符号，从图例可以了解图区出露的地层及其时代、顺序，地层间有无间断以及岩石类型、时代等。读图例时，最好与图幅地区的综合地层柱状图结合起来读，了解地层时代顺序和它们之间的接触关系（整合或不整合），如图 2-2-11 所示为黑山寨地区综合地层柱状图。有的地质平面图往往绘有等高线，可以据此分析山脉的延伸方向、分水岭所在、最高点、最低点、相对高差等。如不带等高线，可以根据水系的分布来分析地形特点，一般河流总是从地势高处流向地势低处，根据河流流向可判断出地势的高低起伏状态。

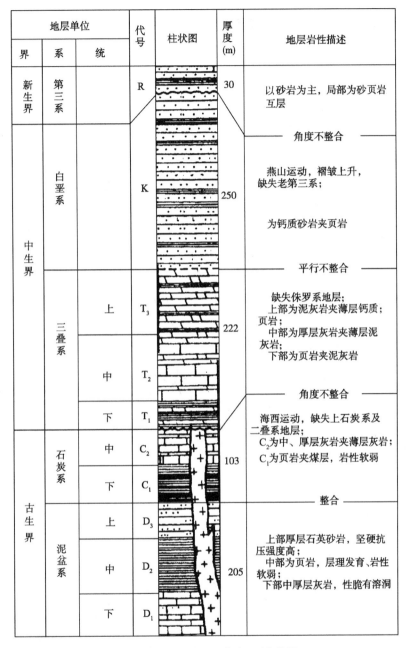

图 2-2-11 黑山寨地区综合地层柱状图

阅读地质图的具体步骤如下：

（1）附件。包括图名、比例尺、地理位置、城镇网点，以及3种图的位置及其精度等情况。

（2）该区的地形地貌特征。通过地形等高线或漂流水系的分布特点，了解地区的山川形势和地形高低起伏情况。

(4) 根据图中岩层产状，掌握褶曲类型和断层类型。
(5) 还要查看制图单位和时间以及制图目的。

上述内容仅仅是阅读地质图的一般步骤和方法，至于如何具体分析，必须通过实践来逐步掌握。

2.2.2 普通地质图阅读方法

【案例】以黑山寨地区地质图（图 2-2-12、图 2-2-13）为例，介绍阅读地质图的方法。

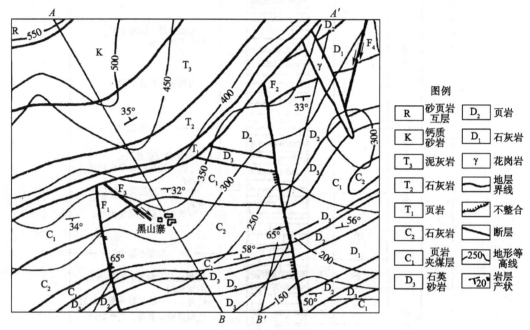

图 2-2-12　黑山寨地区地质图

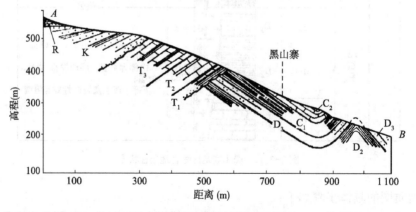

图 2-2-13　黑山寨地区地质剖面图

（1）比例尺。该地质图比例为 1∶10 000，即图上 1cm 代表实地距离 100m。

（2）地形地貌。本地区西北部最高，高程约为 570m；东南部较低，高程约为 100m；相对高差约为 470m。东部有一山冈，高程逾 300m。顺地形坡向有两条北北西向沟谷。

（3）地层岩性。本区出露地层从老到新有：古生界——下泥盆统（D_1）石灰岩、中泥盆统（D_2）页岩、上泥盆统（D_3）石英砂岩，下石炭统（C_1）页岩夹煤层、中石炭统（C_2）石灰岩；中生界——下三叠统（T_1）页岩、中三叠统（T_2）石灰岩、上三叠统（T_3）泥灰岩，白垩系（K）钙质砂岩；新生界——第三系（R）砂、页岩互层、古生界地层分布面积较大。中生界、新生界地层出露在北、西北部。除沉积岩层外，还有花岗岩脉侵入，出露在东北部。侵入在三叠系以前的地层中，属海西运动时期的产物。

（4）地质构造。

①岩层产状。R为水平岩层；T、K为单斜岩层，产状330°∠35°；D、C地层大致近东西或北东东向延伸。

②褶皱。古生界地层从D_1至C_2由北部到南部形成3个褶皱，依次为背斜、向斜、背斜，褶皱轴向为NE75°~80°。

a. 东北部背斜。背斜核部较老地层为D_1，北翼为D_2，产状345°∠36°；南翼由老到新为D_2、D_3、C_1、C_2，岩层产状165°∠36°；两翼岩层产状相差180°时，称为直立褶皱。

b. 中部向斜。向斜核部较新地层为C_2，北翼即上述背斜南翼；南翼出露地层为C_1、D_3、D_2、D_1，产状345°∠56°-58°；由于两翼岩层倾角不同，故为倾斜向斜。

c. 南部背斜。核部为D_1，两翼对称分布D_2、D_3、C_1，为倾斜背斜。

这三个褶皱发生在中石炭世（C_2）之后，下三叠世（T_1）以前，因为从D_1至C_2的地层全部经过褶皱变动，而T_1以后的地层没有受此褶皱影响，但T_1~T_3及K地层是单斜构造产状，与D、C地层不同，它可能是另一个向斜或背斜的一翼，是另一次构造运动所形成的，发生在K以后，R以前。

③断层。本区有F_1、F_2两条较大断层，因岩层沿走向延伸方向不连续，断层走向345°，断层面倾角较陡，F_1：75°∠65°；F_2：225°∠65°，两断层都是横切向斜轴和背斜轴的正断层。另从断层同侧向外核部C_2地层出露宽度分析，也可说明断层间的岩层相对下移，所以两断层的组合关系为地堑。

此外，尚有F_3、F_4两条断层，F_3走向300°，F4走向30°，为规模较小的平移断层。此两条断层也形成于中石炭世（C_2）之后，下三叠世（T_1）以前，因为断层没有错断T_1以后的岩层。

从该区褶皱和断层分布的时间和空间来分析，它们是处于同一构造应力场，在同一构造运动中形成。压应力主要来自北北西向，故褶皱轴向为北东东向。F_1、F_2两断层为受张应力作用形成的正断层，故断层走向大致与压应力方向平行，而F_3、F_4则为剪应力所形成的扭性断层。

（5）接触关系。

①第三系（R）与其下伏白垩系（K）产状不同，为角度不整合接触。

②白垩系（K）与下伏上三叠统（T_3）之间，缺失侏罗系（J），但产状大致平行，故为平行不整合接触。T_3、T_2、T_1之间为整合接触。

③下三叠世（T_1）与下伏石炭系（C_1、C_2）及泥盆系（D）直接接触，中间缺失二叠系（P）及上石炭统（C_3），且产状呈角度相交，故为角度不整合接触。C_2至D_1各层之间均为整合接触。

④花岗岩脉（γ）切穿泥盆系（D）及下石炭统（C_1）地层并侵入其中，故为侵入接触，因未切穿上覆下三叠世（T_1）地层，故 γ 与 T_1 为沉积接触，说明花岗岩脉（γ）形成于下石炭世（C_1）以后，下三叠世（T_1）以前，但规模较小，产状呈北北西—南南东分布的直立岩墙。

本任务小结

地质图是把地质信息按一定的图例和比例尺描绘在地形图上的图件，一般用来表示一定区域的地壳或基岩的成分、构造和分布规律，是经济建设、环境保护和科学研究的基础地质资料，也是区域地质调查成果不可缺少的组成部分。

地质图的阅读方法主要是：比例尺、地形地貌、地层岩性、地质构造等。

思考题

1. 简述地质图在工程中的应用意义，怎样正确阅读地质图？
2. 普通地质图与工程地质图的根本区别在哪里？
3. 地质图比例尺反映了什么？如何按比例尺对地质图进行分类？

学习任务3　道路工程地质勘察报告书与图表的编制

3.1　工程地质勘察报告书概述

工程地质勘察报告书是工程地质勘察的文字成果，可为工程建设的规划、设计和施工提供参考和应用。

3.1.1　工程地质勘察报告书定义

工程地质勘察的最终成果是以《工程地质勘察报告》（图2-3-1）的形式提交的。报告书中包含了直接或间接得到的各种工程地质资料，还包含了勘察单位对这些资料的检查校对、分析整理和归纳总结过程、有关场地工程地质条件的评价结论及相关分析评价依据。报告以简要明确的文字和图表两种形式编写而成，具体内容除应满足《岩土工程勘察规范》（GB 50021—2001）的相关内容外，还和勘察阶段、勘察任务要求和场地及工程的特点等有关。单项工程的勘察报告书一般包括如下内容。

施工图设计阶段
沪瑞国道主干线贵州省镇宁至胜境关公路
第三合同段

坝陵河大桥施工图设计
工程地质勘察报告

贵州省地矿局第二工程勘察院
中交公路规划设计院
二〇〇四年十二月

图2-3-1　工程地质勘察报告书封面

3.1.2　工程地质勘察报告的内容

1）文字部分

（1）工程概况、勘察任务、勘察基本要求、勘察技术要求及勘察工作简况。

（2）场地位置、地形地貌、地质构造、不良地质现象及地震设防烈度等。

（3）场地的岩土类型、地层分布、岩土结构构造或风化程度、场地土的均匀性、岩土的物理力学性质、地基承载力以及变形和动力等其他设计计算参数或指标。

（4）地下水的埋藏条件、分布变化规律、含水层的性质类型、其他水文地质参数、场地土或地下水的腐蚀性以及地层的冻结深度。

（5）关于建筑场地及地基的综合工程地质评价，以及场地的稳定性和适宜性等结论。

（6）针对工程建设中可能出现或存在的问题提出解决措施和施工建议。详细内容见图 2-3-2 中目录。

1. 前言 1	3. 桥址区工程地质条件 15
1.1 工程概况 1	3.1 地形、地貌 15
1.2 勘察目的、任务及技术要求 2	3.2 岩土组构及工程特征 17
1.3 执行标准及工作依据 2	3.3 岩土体单元划分及工程特性 20
1.4 已有成果及资料 3	3.4 边坡稳定性分析评价 22
1.5 勘察工作布设及完成情况 3	3.5 岩土体物理力学性质 23
1.5.1 控制点、线测量定位 3	3.5.1 统计方法及精度评述 23
1.5.2 工程地质钻探 5	3.5.2 统计成果 23
1.5.3 岩、土试样采取及试验 6	3.6 岩溶 34
1.5.4 钻孔电磁波CT 6	3.6.1 桥址区岩溶现象综述 34
1.5.5 钻孔数字摄像 6	3.6.2 岩溶发育的基本特征 38
1.6 勘察工作质量评述 7	3.6.3 桥区岩溶发育特征分析 40
2. 自然地理及区域地质概况 9	3.7 水文地质条件 41
2.1 自然地理 9	4. 基础方案分析与评价 43
2.1.1 气象 9	4.1 基础方案选择 43
2.1.2 水文 10	4.2 基础设计参数的确定 44
2.2 地层与岩性 10	5. 结论与建议 47
2.3 地质构造 11	5.1 结论 47
2.4 新构造运动及地震活动性 12	5.2 建议 48
2.4.1 新构造运动 12	
2.4.2 地震活动性 13	

图 2-3-2　工程地质勘察报告书目录

2）图表部分

（1）勘察点（线）的平面位置图及场地位置示意图，钻孔柱状图，工程地质剖面图，综合地质柱状图。详见图 2-3-3 附图目录。

（2）土工试验成果总表和其他测试成果图表（如现场荷载试验、标准贯入试验、静力触探试验等原位测试成果图表）。

上述报告书的内容并不是每一份勘察报告都必须全部具备，具体编写时可视工程要求和实际情况酌情简化。

```
■ 附图目录
■
■ 附图1  坝陵河大桥施工图设计阶段工程勘察地质图        1:5000
■ 附图2  坝陵河大桥东岸工程地质图                    1:2000
■ 附图3  坝陵河大桥西岸工程地质图                    1:2000
■ 附图4  坝陵河大桥施工图设计阶段工程勘察地质纵剖面图   1:2000
■ 附图5  坝陵河大桥施工图设计阶段工程勘察地质横断面图   1:500
■ 附图6  坝陵河大桥施工图设计阶段工程勘察钻孔地质柱状图 1:(300~400)

■
■ 附表目录
■
■ 坝陵河大桥施工图设计阶段工程勘察岩石试验成果表
```

图 2-3-3 工程地质勘察报告书附录

勘探点平面布置图及场地位置示意图是在勘察任务书所附的场地地形图的基础上绘制的，图中应注明建筑物的位置，各类勘探、测试点的编号、位置（力求准确），并用图例表将各勘探、测试点及其地面高程和探测深度表示出来。图例还应对剖面连线和所用其他符号加以说明。

3.2 工程地质报告书的编写

工程地质报告书的编写是在综合分析各项勘察工作所取得成果的基础上进行的，必须结合建筑类型和勘察阶段规定其内容和格式。各类勘察规范中虽然载有编写工程地质报告书的提纲，但也要根据实际情况，灵活编写，不可受其拘束、强求统一。

3.2.1 工程地质报告书文字部分的编写

1）文字部分编写结构

报告书的任务在于阐明工作地区的工程地质条件，分析存在的工程地质问题，从而对建筑地区做出工程地质评价，得出结论，适应任务的要求。报告书在内容结构上一般分为绪论、通论、专论和结论几个部分，每一部分的内容虽各有侧重，但各部分是紧密联系着的。

（1）绪论的内容主要是说明勘察工作的任务、勘察阶段和需要解决的问题、采用的勘察方法及工作量，以及取得的成果，并附以实际材料图。为了明确勘察的任务和意义，应先说明建筑的类型和规模及其国民经济意义。

（2）通论是阐明工作地区的工程地质条件、区域地质地理环境和各种自然因素，如大地构造、地势、气候等，对该地区工程地质条件形成的意义。因此，通论一般可分为区域自然地理概述，区域地质、地貌、水文地质概述以及建筑地区工程地质条件概述等，其内容应当既能阐明当地工程地质条件的特征及其变化规律，又能达到紧密联系工程的目的。

（3）专论是工程地质报告书的中心内容。因为它既是结论的依据，又是结论内容选择的标准。专论的内容是对建设中可能遇到的工程地质问题进行分析，并回答设计方面提出的地质问题与要求，对建筑地区做出定性的以及定量的工程地质评价；作为选定建筑物位置、结构形式和规模的地质依据，在明确不利的地质条件的基础上，考虑合适的处理措施。专论部分的内容与勘察阶段的关系十分密切，勘察阶段不同，专论涉及的深度和定量评价的精度也有差别。

（4）结论的内容是在专论的基础上对各种具体问题做出简要明确的回答。其态度要明朗，措辞要简练，评价要具体，对问题不要含糊其辞，模棱两可。

通过以下《×××公路工程地质勘察报告》中结论与建议的具体内容来了解它的评价与措辞，如下所示。

《×××公路工程地质勘察报告》
第九章 结论与建议

一、结论

1. 桥涵基础类型及埋置深度

段内覆土及基岩全强风化层普遍较薄，桥涵的墩台建议多采用明挖基础，个别桥址区覆土较厚，可采用桩基，基础均应置于基岩的弱风化带（W_2）一定深度内；施工时注意加强基坑排水和临时支护，河谷地段基坑施工应预防涌泥涌砂，到持力层以后及时清底和下基封闭，严禁长期暴晒和浸泡，以免降低持力层强度。

2. 隧道工程

段内隧道进出口普遍存在风化土层，岩层节理发育，围岩类别低，施工时应加强进出口临时支护和地表的排水工作，洞内施工时加强通风和监测工作。

3. 路基工程

段内路基填方地段，覆土一般无软弱土及液化土，地基土一般不会产生不均匀沉降问题；局部丘间洼地、河谷平原、水田地段和浸水湿地及陡坡地段，设计施工时应考虑对表层软土和杂草的清除，必要时对较厚软土层进行清除换填或碎石桩等加固处理；施工时需分层夯实填筑并控制填筑速度，做好地表水排水工作。

段内挖方地段，地层岩性为砂岩、花岗岩类及泥质粉砂岩、砾、页岩，花岗岩区段风化层较厚，节理较发育，岩体破碎，边坡不宜过陡，应分级预留平台，同时加强高边坡的挡护和绿化，做好天沟和边沟的排水工作。

段内分布的一些土质浅层滑坡和崩塌，一般规模较小，对构筑物影响小或无影响，个别路线附近滑坡可采用挖方清除、抗滑及排水等措施处理。

二、存在的问题

由于本阶段勘探和勘测同时进行，路线方案根据工程数量不断优化，致使部分钻孔偏离路线中心，个别工点无钻探孔控制，工点地质资料只能参考附近钻探孔填绘。

三、下阶段应注意事项

（1）进一步采用综合勘察手段，查明段内覆土、浅层软土的分布范围、厚度及埋深等，以便为工程设计和处理提供可靠的地质依据。

(2)加强地下水、地表水水质复查,取样密度应加大。

2)报告书内容编写案例

不同的勘察报告的内容可以有所不同,只要能反映该区域工程地质资料以及有关场地工程地质条件的评价结论和相关分析评价依据即可。下面用几个实例来了解勘察报告的文字部分内容,具体如下:

【实例1】:×××场地岩土工程勘察报告(表2-3-1)

×××场地岩土工程勘察报告目录　　　　　　表2-3-1

目　录	
一　前言 　1. 委托单位 　2. 场地地理位置 　3. 工程简况 　4. 勘察目的任务(要求) 　5. 勘察工作日期 二　勘察方法及工作布置 　1. 勘察技术依据 　2. 勘察工作布置 三　场地岩土工程件 　1. 地形地貌 　2. 气象与水文 　3. 地层结构及岩土特征 　4. 岩土物理力学性质 　5. 地下水 　6. 不良地质现象 四　场地工程地质评价 　1. 场地稳定性评价	2. 场地地震效应评价(场地类别、抗震设计参数) 3. 边坡稳定性评价(分析方法、定性分析与评价、定量分析与评价) 4. 场地岩土物理力学性质评价 5. 地基均匀性评价 五　地基基础设计方案论证 　1. 天然地基 　2. 其他地基 　3. 论证分析结果 　4. 边坡治理方案及论证 结论 附录:图表及其他资料 　1. 工程勘察平面布置图 　2. 综合工程地质图或工程地质分区图 　3. 工程地质剖面图 　4. 地质柱状图或综合地质柱状图 　5. 有关测试图表 　6. 有关编录描述及照片或影像资料

【实例2】:×××公路桥梁检测工程勘察报告(表2-3-2)

×××公路桥梁检测工程勘察报告目录及附图(表)　　　　　　表2-3-2

目　录	附图(表)
第一章　勘察概况 　第一节　工程概况 　第二节　勘察目的与要求 　第三节　勘察工作执行及参照的技术规范、规程 　第四节　工作概况及完成的工作量 　第五节　勘察手段与方法 　第六节　利用资料 第二章　区域工程地质条件 　第一节　气象、水文 　第二节　地形、地貌	1. 图例与符号 2. 全线工程地质综合平面图 3. 工程地质纵断面图 4. 工程地质柱状图 5. 十字板剪切试验成果图表 6. 全线工作量及勘探点数据一览表(附表1) 7. 全线各岩土层厚度、埋深、高程统计表(附表2) 8. 全线各岩土层标准贯入试验成果统计表(附表3) 9. 全线各岩土层土工试验统计表(附表4) 10. 全线软土三轴剪切试验统计表(附表5)

续上表

目　　录	附图（表）
第三节　水文地质条件	11. 全线岩石抗压强度试验统计表（附表6）
第四节　地层岩性	12. 沿线不良地质与特殊性岩土一览表（附表8）
第五节　地质构造与地震	13. 土工试验报告
第三章　线路工程地质特征	14. 岩石抗压强度试验报告
第一节　岩土分层及其特征	15. 水质分析报告
第二节　沿线不良地质、特殊性岩土及其评价	16. 三轴剪切试验
第三节　岩土物理力学性质统计指标及参数建议	17. 固结试验成果
第四章　环境工程地质	18. 颗粒分析试验
第五章　基础类型及参数	19. 无侧限抗压强度试验
第六章　原勘察资料与本次勘察差异	20. 岩芯彩色照片
第七章　结论与建议	

【实例3】：×××路线工程地质勘察报告（表2-3-3）

×××路线工程地质勘察报告目录及图表资料　　　　表2-3-3

目　　录	图表资料
1.0 序言	工程地质图例
1.1 工程概况	
1.2 勘察工作目的、依据、起讫时间、完成的工作量	综合地层柱状图
1.3 勘察工作的主要方法	路线工程地质平面图1:2 000
2.0 自然地理	
2.1 地形、地貌	路线工程地质纵断面图（横1:2 000，竖1:500）
2.1 地形、地貌	
2.2 交通、气候	工程地质横断面图1:400～1:1 000
2.3 水文及河流	路基工程地质条件分段说明表
3.0 工程地质条件	
3.1 地层岩性	小桥、涵洞工程地质条件表
3.2 地质构造与地震烈度	道路交叉地质条件表
3.3 水文地质特征	
3.4 不良地质和特殊岩土	不良地质地段表
4.0 岩土主要物理力学指标	沿线筑路材料料场表
5.0 筑路材料	
5.1 储量、质量及运输条件	高边坡（挖、填方）稳定性评价表
6.0 工程地质评价	各类测试成果资料表
6.1 道路工程地质条件及主要问题与处理建议	
6.2 桥、隧主要场地工程地质评价	勘探成果资料汇总表
6.3 填、挖方高边坡稳定性评价	工程地质照片

【实例 4】：×××公路工程地质详细勘察报告（表 2-3-4）

×××公路工程地质详细勘察报告目录及附图（表） 表 2-3-4

目　　录	附图（表）
第一章　勘察概况	1. 图例与符号
第一节　工程概况	2. 全线工程地质综合平面图
第二节　勘察目的与要求	3. 工程地质纵断面图
第三节　勘察工作执行及参照的技术规范、规程	4. 工程地质柱状图
第四节　工作概况及完成的工作量	5. 十字板剪切试验成果图表
第五节　勘察手段与方法	6. 全线工作量及勘探点数据一览表（附表1）
第六节　利用资料	7. 全线各岩土层厚度、埋深、高程统计表（附表2）
第二章　区域工程地质条件	8. 全线各岩土层标准贯入试验成果统计表（附表3）
第一节　气象、水文	9. 全线各岩土层土工试验统计表（附表4）
第二节　地形、地貌	10. 全线软土三轴剪切试验统计表（附表5）
第三节　水文地质条件	11. 全线岩石抗压强度试验统计表（附表6）
第四节　地层岩性及碎屑岩	12. 全线各砂土层统计及判别附表
第五节　地质构造与地震	13. 沿线不良地质与特殊性岩土一览附表
第三章　线路工程地质特征	14. 土工试验报告
第一节　岩土分层及其特征	15. 岩石抗压强度试验报告
第二节　岩土分类及土石可挖性分级	16. 水质分析报告
第三节　沿线不良地质、特殊性岩土及其评价	17. 三轴剪切试验
第四节　岩土物理力学性质统计指标及参数建议	18. 固结试验成果
第四章　环境工程地质	19. 固结曲线
第五章　天然建筑材料	20. 颗粒分析试验
第六章　路基工程地质评价	21. 无侧限抗压强度试验
第一节　路基工程概况	22. 委托方提供《路线平面图》
第二节　基础类型及参数	23. 岩芯彩色照片
第七章　涵洞基础类型建议	
第一节　涵洞工程概况	
第二节　涵洞基础类型建议	
第八章　桥梁工程地质评价	
第九章　结论与建议	
第一节　结论	
第二节　对下一步工作的建议	

从以上 4 个实例可以看出，工程地质报告书常常是按勘察规范中编写工程地质报告书的提纲进行编写。建筑类型和勘察阶段不同，其报告书的内容也有所不同，因此，要根据实际情况，在综合分析各项勘察中所取得成果的基础上进行编写。

3.2.2　附录部分——图表的编制

1）常用图表编制

工程地质报告必须与工程地质图一致，互相照应，互为补充，共同达到为工程服务的目的。

（1）钻孔柱状图是根据钻孔的现场记录整理出来的，记录中除了注明钻进所用的工具、方法和具体事项外，其主要内容是关于地层的分布和各层岩土特征和性质的描述。在绘制柱状图之前，应根据室内土工试验成果及保存的土样，对分层的情况和野外鉴别记录加以认真校核。当现场测试和室内试验成果与野外鉴别不一致时，一般应以测试试验成果为准，只有当样本太少且缺乏代表性时，才以野外鉴别为准；存在较大疑虑时，应通过补充勘察重新确定。绘制柱状图时，应自下而上对地层进行编号和描述，并按公认的勘察规范所认定的图例和符号以一定比例绘制，在柱状图上还应同时标出取土深度、标准贯入试验等原位测试位置，地下水位等资料。柱状图只能反映场地某个勘探点的地层竖向分布情况，而不能说明地层的空间分布情况，也不能完全说明整个场地地层在竖向的分布情况。

（2）工程地质剖面图是通过彼此相邻的数个钻孔柱状图得到的，它能反映某一勘探线上地层竖向和水平向的分布情况（空间分布状态）。剖面图的垂直距离和水平距离可采用不同的比例尺。由于勘探线的布置常与主要地貌单元或地质构造轴线相垂直，或与建筑物的轴线相一致，故工程地质剖面图是勘察报告的最基本图件之一。

（3）绘制工程地质剖面图时，应首先将勘探线的地形剖面线画出，并标出钻孔编号，然后绘出勘探线上各钻孔中的地层层面，并在钻孔符号的两侧分别标出各土层层面的高程和深度，再将相邻钻孔中相同的土层分界点以直线相连。当某地层在邻近钻孔中缺失时，该层可假定于相邻两孔中间消失。剖面图中还应标出原状土样的取样位置、原位测试位置及地下水的深度。

（4）综合工程地质剖面图是通过场地所有钻孔柱状图而得的，比例为1：50~1：200，应能清楚表示场地的地层新老次序和地层层次。图上应注明层厚和地质年代，并对各层岩土的主要特征和性质进行概括描述，以方便设计单位进行参数选取和图纸设计。

（5）土工试验成果总表和其他测试成果图表是设计工程师最为关心的勘察成果资料，是地基基础方案选择的重要依据，因此，应将室内土工试验和现场原位测试的直接成果详细列出。必要时，还应附以分析成果图（例如静力荷载试验 p-s 曲线、触探成果曲线等）。

总的说来，报告书应简明扼要，切合主题，内容安排应当合乎逻辑顺序，前后连贯，成为一个严密的整体；所提出的论点应以充分的实际资料为依据，并附有必要的插图，能起文字精练、加强对比的作用。但对问题来说，文字说明仍应作为主要形式，因而，以"表格化"代替报告书是不可取的。

2）常用图表编制实例

下面以某公路为例来了解勘察报告的主要图表资料内容，具体如下：

（1）工程地质图例。凡是图内出现的地层、岩性、土、构造、不良地质界线、不良地质、钻孔、岩层产状及其他地质现象，都应在图例中表示出来，如图2-3-4所示。

（2）综合地层柱状图。柱状图中从地面往下不同深度要有厚度标注，对应有岩性描述和工程地质特性描述，如表2-3-5所示。

综合地层柱状图表

表 2-3-5

地层时代			地方性地层名	符号	柱状图	厚度(m)	岩性描述	工程地质特性及水文地质特征
界	系	统						
新生界	第四系			Q		0~6	第四系残坡积物以黏土、亚黏土、碎石为主	岩性软、承载力低，地下水主要为上层滞水及孔隙水
古生界	二叠系	上统	长兴组	P_{3c}		60~100	灰至深灰色中厚层石灰岩夹薄层硅质页岩	工程地质条件一般较好，地下水主要为基岩裂隙水及孔隙水
			吴家坪组	P_{3w}		133	上部为灰色厚层块状灰岩夹薄层硅质岩，下部夹黏土岩，局部夹硅质岩	软质岩、强度差，工程地质条件较差，地下水主要为岩溶水和裂隙水
			茅口组	P_{2m}		42~57	浅灰色厚层块状石灰岩	岩性单一、强度高，工程地质条件较好，地下水主要为岩溶水及基岩裂隙水
		中统	栖霞组	P_{2q}		54~70	深灰色厚层块状石灰岩，含碎石结核及条带	岩性单一、强度高，工程地质条件较好，地下水主要为岩溶水及基岩裂隙水
			梁山组	P_{2l}		0~26	上部为褐红、紫红色薄层状砂岩，下部为紫红色黏土岩、砂质黏土岩	软质岩易风化塌落，工程地质条件较差，地下水主要为基岩裂隙水和裂隙水
	石炭系	上统	马平群	C_{3mp}		0~215	浅灰至浅白色中厚层状白云岩	岩性单一、强度高，工程地质条件较好，地下水主要为岩溶水及基岩裂隙水
		中统	黄龙群	C_{2hn}		88~210	灰至浅灰白色中厚层白云岩夹灰岩，中部为页岩，下部为砾岩	软质岩、强度差，工程地质条件差，地下水主要为岩溶水及基岩裂隙水
		下统	摆佐-大塘组上段	C_{1b+d}		0~21	上部为块状白云岩，下部为砾岩、含砾砂岩	软质岩、强度差，工程地质条件差，地下水主要为岩溶水及基岩裂隙水
	震旦系	下统	长安组	Z_{ac}		945~979	变余砂岩、板岩	软质岩、强度差，工程地质条件差，地下水主要为岩溶水及基岩裂隙水
	前震旦系	板溪群	隆里组	ptbnl		560~930	变余砂岩、板岩	软质岩、强度差，工程地质条件差，地下水主要为岩溶水及基岩裂隙水
			清水江组	ptbmbq		>1000	变余砂岩、板岩	软质岩、强度差，工程地质条件差，地下水主要为岩溶水及基岩裂隙水

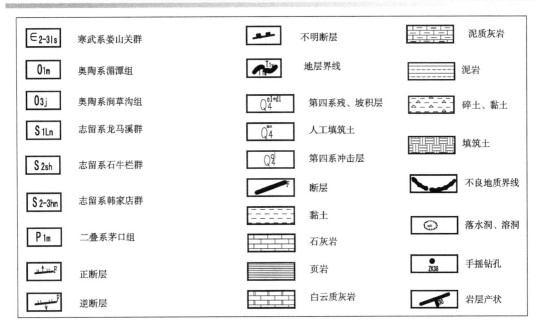

图 2-3-4 工程地质图例

（3）路线工程地质平面图。在路线工程地质平面图中，沿公路路线两侧应标明岩性、地层年代、覆盖层情况、岩层产状、钻孔位置及不良地质等，如图 2-3-5 所示。

（4）路线工程地质纵断面图。在路线工程地质纵断面图中，同样应标明岩性、地层年代、覆盖层情况、岩层产状、钻孔位置及不良地质等，并且在断面图下方还应有地质概况说明，如图 2-3-6 所示。

（5）不良地质地段表。需要根据野外勘察调查的资料填写不同的起讫桩号所对应的长度（m）/位置、不良地质类型、不良状况描述和处理措施，如表 2-3-6 所示。

不良地质地段表　　　　　表 2-3-6

起讫桩号	长度（m）/位置	类　型	不良状况	处 理 措 施
K44+620~K44+740	120/右侧	汇水岩溶洼地	山间溶蚀洼地，其地形为四周相对高，成为汇集坡面雨水的洼地，排水不畅，雨季洼地常常集水，集水深度在 1m 左右，并通过洼地底部岩溶裂隙和落水洞缓慢排泄，排泄时间为 3~4d，对填方路基稳定性不利	清除洼地黏土覆盖层； 路堤底部填石； 设置排水沟将坡面汇水排至 K44+600 右侧垭口排除

（6）沿线筑路材料料场表。需要根据野外勘察调查的资料，填写不同的筑路材料名称所对应的料场编号、位置桩号、上路桩号、上路距离（km）、材料及料场、储量（km³）、覆盖层厚度(m)、成料率(%)、开采方式、运输方式、便道(km)、便桥(km)，如表 2-3-7 所示。

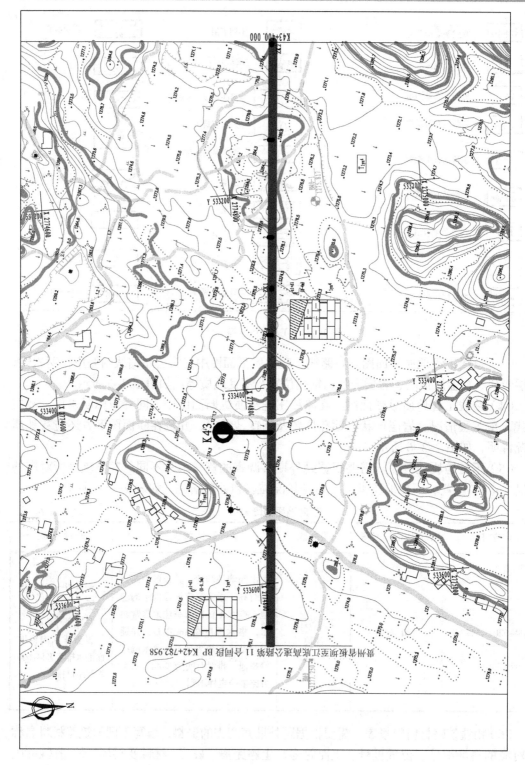

图 2-3-5 路线工程地质平面图

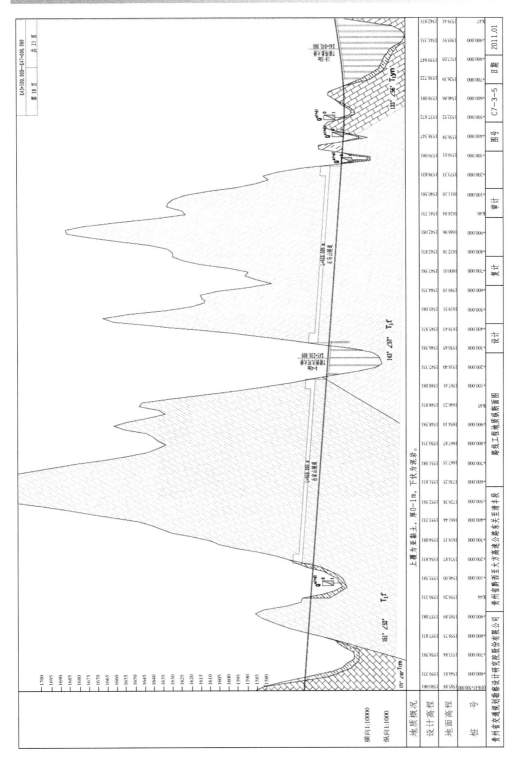

图 2-3-6 路线工程地质纵断面图

沿线筑路材料料场表　　　　　　　　　　　　　　　表 2-3-7

贵州省板坝（桂黔界）至江底（黔滇界）高速公路第 T11 合同段

材料名称	料场编号	位置桩号	上路桩号	上路距离(km)	材料及料场	储量(km^3)	覆盖层厚度(m)	成料率(%)	开采方式	运输方式	便道(km)
块片石、碎石砂	L-1	K43+590 中心	K43+590	0.0	利用 K43+500~K43+680 挖余石方作料场，岩石为中~厚层状灰白色~深灰色白云质灰岩，风化轻微，石质强度高可开采块片石，机器加工碎、砂	32	0	85	人工爆破	机运	

（7）勘探成果资料汇总表。根据实际钻孔勘探资料进行填写，内容有：不同钻孔位置所对应的深度、构造物类型、地层岩性，如图 2-3-7 和图 2-3-8 所示。

图 2-3-7　钻孔勘探现场资料

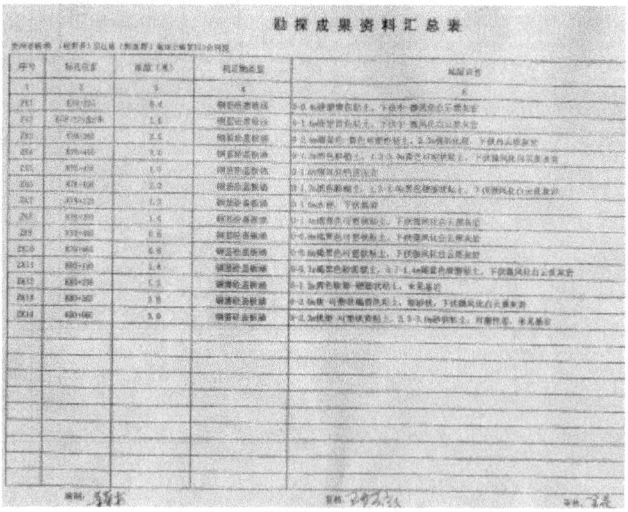

图 2-3-8　勘探成果资料汇总表

（8）高边坡（挖、填方）稳定性评价表。根据设计计算做出的评价，具体内容为：起讫桩号所对应的工程概况与工程地质条件以及工程地质评价与处理措施，如表2-3-8所示。

（9）工程地质照片。是地质工作人员在野外勘察阶段对沿线地质情况拍摄的照片。

高边坡（挖、填方）稳定性评价表　　　　表2-3-8

贵州省板坝（桂黔界）至江底（黔滇界）高速公路第T11合同段

起讫桩号	工程概况与工程地质条件	工程地质评价与处理措施
K45+520~K45+620	工程概况：该段位于K45+520~K45+620左侧，坡长100m，路基设计高程为1 218.416~1 217.576m，左侧挖方边坡最大高度43m，设计坡率1∶0.5； 地形、地貌：属岩溶峰丛洼地地貌，路堑斜穿一高山地，相对高差10~60m，山坡地面横坡下缓上陡，坡度在15°~30°，为圆顶山，坡面植被较发育，分布灌木及林木； 地质条件：山体坡面分布0~1.5m褐黄色亚黏土，基岩为灰~灰白色，弱~微风化中厚层状白云质灰岩，岩质坚硬，呈层状，局部大块状构造，溶蚀沟、槽发育，基岩大部出露，全、强风化层厚度小于2m，岩层主导层理产状：185°∠19°；路堑所在山体水文地质条件简单，地下水类型为基岩风化裂隙水，受地形条件控制，地下水富水性弱，来源为季节性大气降水补给，通过坡面径流，就近坡脚排泄	边坡整体稳定性较好，但边坡高度较大，受开挖坡面、层理面、裂隙面影响，坡面可能产生小规模掉块、落石现象；采取主动防护网防止落石及种植藤蔓植物绿化

本任务小结

工程地质勘察报告书的内容一般分为绪论、通论、专论和结论四个部分，各部分前后呼应，密切联系，融为一体。

工程地质报告书图件包括综合工程地质平面图、勘察点平面位置图、工程地质剖面图、工程地质柱状图、岩土试验成果总表及其他专门图件。

思考题

1. 工程地质勘察报告书文字部分主要包括哪些内容？
2. 工程地质勘察报告书中一般包括哪些图表？
3. 公路勘测设计中需要完成哪些工程地质图表？

第 3 部分
道路工程地质病害的治理

学习目标

1. 知道常见道路地质病害的防治原则；
2. 能根据地质病害的特征选择合适的防治措施；
3. 知道常见特殊性土的防治原则；
4. 根据特殊性土的特征提出有效的治理措施。

学习任务

1. 崩塌的防护原则及治理措施；
2. 滑坡的防护原则及治理措施；
3. 泥石流的防护原则及治理措施；
4. 岩溶的防护原则及治理措施；
5. 常见特殊性土（软土、黄土、膨胀土、冻土、盐渍土）的处治。

学习指南

由于我国经济的发展和路网完善的需求，高速公路建设逐步进入山区。高速公路由于其线形指标高，工程艰巨，投资巨大，对自然环境的破坏也非常严重。一般情况下，山区地形地质条件复杂，地质环境脆弱，地质灾害多发，高速公路的建设不可避免地要切坡、填沟、打洞（隧道），对地质环境造成严重破坏，处理不好还会诱发和加剧各种地质灾害，增加公路建设投资，影响工期，甚至给运营阶段带来严重的安全隐患。因此，山区高速公路的环保主要是对地质环境的保护和对地质灾害的防治。同时，在特定地域内，由于生成条件的特殊，存在具有某些特殊性质的土，它们不同于一般土，对公路建设具有重要影响，故必须掌握对道路工程地质病害和特殊性土的防护和整治。

本学习内容基于道路工程地质病害防护和整治的工作过程，分为两个工作任务，其中包括 6 个技能训练（即六大病害的处理）。目的是让学生达到能对道路工程地质病害和特殊性土进行防护和处治，因此，每个学生应沿着如下流程进行学习：

① 崩塌的防护原则及治理措施
② 滑坡的防护原则及治理措施
③ 泥石流的防护原则及治理措施
④ 岩溶的防护原则及治理措施
⑤ 常见特殊性土（软土、黄土、膨胀土、冻土、盐渍土）的处治

学习方法建议

"教、学、做"一体化，以案例教学法为主，利用大量的图片、相关的多媒体资源和教师的讲解，使学生能够掌握常见道路地质病害的防治原则和措施以及特殊性土的处治，并可根据病害的特征提出有效的防护或治理方案。

检查与评价

1. 工程地质病害的勘测要点；
2. 道路设计、施工中如何有效防止工程地质病害的产生；
3. 通过各种渠道收集 1~2 个道路工程地质病害治理的案例；
4. 利用网上资源查询本地区具有的特殊性土处治的最新方法。

学习资料

1. 教材与案例；
2. 地质及路基．北京：中国铁道出版社．2000；
3. 工程地质手册编委会．工程地质手册（第四版）．北京：中国建筑工业出版社，2007；
4. 相关网站。

注：本学习情境的工作任务 2——主要特殊性岩土的处治，各校可根据本地区的具体情况作选择性教与学。

学习任务 1　常见道路地质病害的防护与治理

1.1　崩塌防治

1.1.1　防治原则

崩塌是道路的主要病害（特别是山区公路），它的发生常常突然而猛烈，治理起来比较困难，而且十分复杂，所以一般应采取以防为主的原则。

在选线时，应根据斜坡的具体条件，认真分析发生崩塌的可能性及其规模，对有可能发生大、中型崩塌的地段，应尽量避开。若完全避开有困难，可调整路线位置，离开崩塌影响范围一定距离，尽量减少防治工程；或考虑其他通过方案（如隧道、明洞等），以确保行车安全。对可能发生小型崩塌或落石的地段，应视地形条件，进行经济比较，确定是绕避还是设置防护工程。

在设计和施工中，应避免使用不合理的高陡边坡，避免大挖大切，以维持山体平衡稳定。在岩体松散或构造破碎地段，不宜使用大爆破施工，避免因工程技术上的失误而引起崩塌。

1.1.2 勘察调查要点

要有效地防治崩塌，必须首先进行详细的调查研究，掌握崩塌形成的基本条件及其影响因素，根据不同的情况，采取相应的措施。调查崩塌时要注意以下几个方面：

（1）查明斜坡的地形条件，如坡度、高度、外形等。

（2）查明斜坡的岩性和构造条件，如岩土的类型、风化程度、主要构造面的发育情况等。

（3）查明地下水对斜坡稳定性的影响。

（4）查明当地地震烈度。具体调查方法见表3-1-1。

崩塌与岩堆勘察调查要点　　　　　　　　　表3-1-1

方法	目的	要点
测绘	查明崩塌与岩堆的地貌形态，水文地质特征等	峭壁高度、长度、坡度（包括各变坡点的高程）； 崖壁新近崩落、坍塌、剥落的痕迹并估算其体积； 坠石冲击点、跳跃距离、滚动距离及其最大石块的体积、形状； 岩堆的分布范围、形状、各部位的坡度变化； 岩堆各部位颗粒分选状况，地表最大颗粒体积； 岩堆体各部位固结（或松散）程度、稳定状况等； 冲沟发育状况，如各部位切割深度、纵坡、横断面类型、沟壁稳定坡度、坡高、溯源侵蚀、泥石流发育状况； 岩堆体各部位植被覆盖程度，并区分乔禾、灌木、蒿草等的分布范围
勘探	了解崩塌与岩堆的地层结构、软弱结构面、含水层的性质、地下水位以及取样试验	探明岩堆床形状、岩堆体地层结构、岩性，尤其细颗粒夹层、含腐朽植物夹层、地下水位、地质构造； 勘探线应依崩塌（含坍塌、剥落）岩堆活动中心，按贯穿崖顶、锥顶、岩堆前缘弧顶布置； 连续分布且无明显锥顶、前缘弧顶的岩堆，应垂直地形等高线走向布置勘探线； 勘探线间距不大于50m，每个岩堆体至少有1条勘探线，勘探线上勘探点不少于3个（含露头）； 岩石峭壁一般只采用地层岩性描述、节理统计方法，不宜布置勘探点； 岩堆体勘探以物探为主，辅以钻探验证，并有一定数量挖探，取得岩堆体地层层理产状资料及试样； 钻探孔深宜钻至堆床以下2m，并应采取适当钻探工艺，以查明岩土软弱夹层、含腐殖物夹层和地下水等资料

续上表

方法	目 的	要 点
工程地质试验	为崩塌与岩堆防治工程的设计提供依据和计算参数	崩塌范围一般取岩样做密度、相对密度、天然含水率、吸水率、抗压强度、软化系数、泊松比、抗剪强度（c、φ值）试验，抗剪强度试验侧重软弱夹层和不利的节理面； 岩堆体试验项目有：密度、相对密度、含水率、抗剪强度、天然休止角，也可利用天然陡坎坍塌、滑塌反算 c、φ 值或综合 φ 角，代替抗剪强度试验，也可在附近有类比条件的陡坎坍塌处进行类比，反算 c、φ 值

1.1.3 防治措施

1）排水

在一般道路中有水活动的地段，可布置排水构筑物，以进行拦截疏导，防止水流渗入岩土体而加剧斜坡的失稳。

（1）排除地面水，可修建排水沟、截水沟。

（2）排除地下水，可修建纵、横盲沟等，如图 3-1-1 所示。

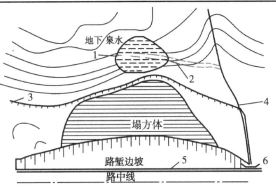

图 3-1-1 边坡塌方路段综合排水图示
1-渗沟；2-排水沟；3-截水沟；4-自然沟；5-边沟；6-涵洞

2）刷坡清除

对山坡或边坡坡面的崩塌岩块可采用全部清除的方法，如图 3-1-2 所示。若斜坡上岩石破碎，则应放缓边坡并加防护措施，如图 3-1-3 所示。

图 3-1-2 清除危岩

图 3-1-3 刷坡

3）坡面加固

当边坡或自然坡面比较平整，岩石表面风化易形成小块岩石呈零星坠落时，宜进行灌浆、勾缝等坡面防护，以阻止风化继续发展，防止零星坠落。对易引起崩塌的高边坡，宜采用边坡加固工程，必要地段修建挡墙、边坡锚杆、多级护墙和护面，如图 3-1-4 所示。

图 3-1-4 公路坡面喷锚支护

4）拦截防御

在岩体严重破碎、经常发生落石的路段，宜采用柔性防护系统或拦石墙与落石槽等拦截构造物，如图 3-1-5 和图 3-1-6 所示。拦石墙与落石槽宜配合使用，设置位置可根据地形合理布置，落石槽的槽深和底宽可通过现场调查或试验确定。拦石墙墙背应设缓冲层，并按公路挡土墙设计，墙背压力应考虑崩塌冲击荷载的影响。

图 3-1-5 拦石网

图 3-1-6 拦石格栅

5）支顶工程

在边坡上局部悬空、岩体仍较完整的岩石，有可能成为危岩石，可视具体情况采用浆砌片石支顶（图 3-1-7）、钢筋混凝土立柱（图 3-1-8）等支挡结构物加固。

图 3-1-7 浆砌片石支顶

图 3-1-8 钢筋混凝土立柱支顶

6）遮挡工程

当崩塌体较大、崩塌发生频繁、距离路线较近且设拦截构造物有困难时，可采用明洞（图3-1-9）、棚洞（图3-1-10）等遮挡构造物处理。

图3-1-9 防落石的明洞

图3-1-10 防落石的棚洞

1.1.4 崩塌防治案例

1）崩塌概况

象山位于江苏省镇江市焦山长江夹江南侧，与焦山隔江相望，山体呈北东~南西走向，长约1000m，高48m，地貌特征为长江侵蚀及剥蚀的孤残山丘，地貌单元由残山、阶地组成。北侧临江一面边坡陡峭，坡度为70°~80°，风化剥蚀严重；南坡较缓，为第四系黏土所覆盖。2003年11月26日深夜，象山北侧（待渡坊处）发生危岩崩塌，面积约为560m²，封堵住公园内通往轮渡码头的主干道，威胁到游客的安全。

2）灾害发生原因

象山受火成岩侵入及地壳运动的影响，地质构造较为复杂，山体上部出露基岩为震旦系陡山陀组石英粉砂岩及白云质灰岩，岩性坚硬；下部出露的火成岩主要为石英二长斑岩及粗面岩，属岩脉性质，呈不规则状穿插于基岩岩体中，中、强风化、节理发育。崩塌部位的山体陡峭，坡度为70°~80°，岩石节理纵横交错，崩塌岩体最下一道崩塌面与道路面成45°夹角，并与崩塌岩体背面近乎垂直的节理面相交，在外力诱发下极易失稳。该处的诱发因素为强降雨水渗透至已经发育的张拉裂隙内，引起裂隙内的空隙压力和张力增大，再加上该处孤立山嘴形式的地形，从而导致了崩塌地质灾害的发生。象山边坡剖面如图3-1-11所示。运用理正岩土软件进行边坡稳定分析，该边坡

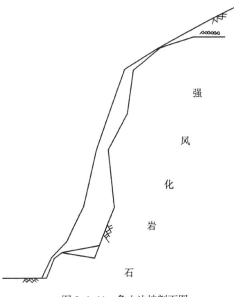

图3-1-11 象山边坡剖面图

的安全系数为1.224，处于不稳定状态。事实上，该边坡已经沿着坡面裂隙带下滑，崩塌面积约为560m², 崩塌厚度最大的约为2.5m，崩塌体积约为950m³。

3）崩塌治理思路

首先，要确定崩塌体的边界特征，这对崩塌体的规模大小起着重要的作用。崩塌体边界的确定主要依据坡体的地质结构，那些相互交切、组合、可能或已经将坡体割离母体的构造面就是崩塌体的边界面。其中，靠外侧、贯通（水平及垂直方向上）性较好的构造面所围的崩塌体的危险性最大。

其次，要确定该处的治理方案。该处采用锚塑法进行综合治理，即锚杆加固坡体，外表采用假山石重塑的方法。工程于2004年12月15日正式开工，2005年4月8日全面竣工，共完成229根锚杆，钻进尺度为2404.5m，浇筑混凝土691.18m³, 塑假山石906.54m³, 工程造价为147.24万元。

4）治理工程措施

该工程内部安全稳定结构采取锚杆固体，治理按照1:1.2扩大面积原则布设，锚孔直径为130mm，锚杆主筋直径为32mm，倾角为15°~18°，锚杆长度为10.5m（226根）；在坡脚右下角，因岩石破碎锚杆长度为15m（2根）。中部采取混凝土挡墙进行支挡坡面，平均厚度约2m，混凝土强度等级为C25，外层用双向钢筋网片进行加固，规格为$\phi 14@150mm$。外部采用假山石重塑的方法处理，以增加外部的美观。第一步在预留的连接钢筋$\phi 14@800mm$位置处，加工网筋块石胎膜骨架，胎膜骨架钢筋为双向钢筋网（$\phi 6.5@150mm$）；第二步制作胎膜，采用1:1水泥砂浆分2次进行粉膜，外部形成凹凸面，与周边山体形态一致；第三步外部喷制色浆，色浆进行多次配调，以期与原山体颜色大体一致。

5）治理效果

运用理正岩土软件再次进行边坡稳定计算，结果显示该边坡施加结构工程措施后的安全系数为1.377，远大于边坡稳定安全要求的系数1.25。这说明，由于锚杆的拉张力和锚固力的作用，使得在混凝土板墙断面内引起较高的内聚应力，利用锚固挡墙对该边坡进行加固后，整体是安全有效的。经过两个雨季的考验，该处边坡始终处于稳定状态，没有发现开裂变形等现象，且逼真的外塑表面效果得到各界人士的认同。

1.2 滑坡防治

1.2.1 防治原则

滑坡的防治，应贯彻"以防为主，整治为辅"的原则。在选择防治措施前，一定要查清滑坡的地形、地质和水文地质条件，认真研究和确定滑坡的性质及其所处的发展阶段，了解产生滑坡的原因，结合工程建筑的重要程度、施工条件及其他情况进行综合考虑。

（1）由于大型滑坡的整治工程量大，技术上也很复杂，因此，在测设时应尽可能采用绕避方案。若建成后路基不稳定,是治理还是绕避,需要周密分析其经济和安全两方面的得失。

（2）对于中、小型滑坡的地段,一般情况下不必绕避,但是应注意调整路线平面位置,以求得工程量小、施工方便、经济合理的路线方案。

（3）路线通过古滑坡时,应对滑坡体的结构、性质、规模、成因等作详细勘察后,再对路线的平、纵、横做出合理布设;对施工中开挖、切坡、弃方、填土等都要作通盘考虑,稍有不慎即可能引起滑坡的复活。

1.2.2 勘察调查要点

为了有效地防治滑坡,首先必须对滑坡进行详细的工程地质勘察,查明滑坡形成的条件及原因,滑坡的性质、稳定程度及其对公路工程的危害性,并提供防治滑坡的措施与有关的计算参数。为此,需要对滑坡进行勘测、勘探和试验工作,有时还需要进行滑坡位移的监测工作,见表3-1-2。

滑坡勘察调查要点　　　　表3-1-2

方法	目　的	要　点
测绘	查明滑坡的地貌形态,水文地质特征,弄清滑坡周界及滑坡周界内不同滑动部分的界线等	查明滑坡壁的形状、位置、高差及坡度; 查明滑坡台阶的形状、位置、高差、坡度及其形成次序; 查明滑坡体隆起和洼地范围及形成特征; 查明滑坡裂隙分布范围、密度、特征及其力学性质; 查明滑坡舌前缘隆起、冲刷、滑塌与人工破坏状况; 查明滑体各部位(主轴线上)的稳定状态,如蠕动、挤压、初滑、滑动、速滑、终止; 查明滑体上冲沟发育部位、切割深度、切割地层岩性、沟槽横断面形状、泉水的形成、沟岸稳定状况; 查明滑坡脚破坏的原因与破坏速度等
勘探	了解滑体与滑床的地层结构、软弱结构面、含水层的性质、地下水位、滑动特征以及取样试验	查明滑坡体的厚度; 查明下伏基岩表面的起伏及倾斜情况; 判断滑动面的个数、位置和形状; 了解滑坡体内含水层和湿带的分布情况和范围,地下水的流速及流向等; 查明滑坡地带的岩性分布及地质构造情况等
工程地质试验	为滑坡防治工程的设计提供依据和计算参数	水文地质试验:测定地下水的流速、流向流量和各含水层的水力联系及渗透系数等; 物理力学试验:做劈裂试验,确定滑动带土石的内摩擦角和黏聚力

1.2.3 防治措施

整治滑坡的工程措施很多,归纳起来可分为三类:一是消除或减轻水的危害;二是改变滑坡体外形,设置抗滑建筑物;三是改善滑动带土石性质,见表3-1-3。

滑坡的防治措施　　　　　　　　表 3-1-3

序 号	种 类	措 施	适用条件
1	排水	地表排水	地表径流较大的滑坡区
		地下排水	地下水比较发育的滑坡区
		冲刷防护	沿河滑坡区
2	减重和反压	减重	推移式滑坡
		反压	牵引式滑坡
3	支挡工程	抗滑桩	深层滑坡和各类非塑性流滑坡
		抗滑挡墙	滑坡中、下部有稳定的岩土锁口者
		锚（杆）索挡墙	规模较大的非岩质滑坡体
4	改善土石性质	焙烧法	含水率较大的土体滑坡
		浆砌护坡	地表径流较大的滑坡区
		化学加固	土体滑坡

1）消除或减轻水的危害——排水

（1）地表排水。排除地表水是整治滑坡中不可缺少的辅助措施，而且是首先采取并应长期运用的措施。其目的在于拦截、旁引滑坡外的地表水，避免地表水流入滑坡区；或将滑坡范围内的雨水及泉水尽快排除，阻止雨水、泉水进入滑坡体内。

主要工程措施有：在滑坡体周围修截水沟（图 3-1-12）；滑坡体上设置树枝状排水系统（图 3-1-13），汇集旁引坡面径流于滑坡体外排出；整平地表，填塞裂缝，夯实松动地面；筑隔渗层，减少地表水下渗并使其尽快汇入排水沟内，防止沟渠渗漏和溢流于沟外。

图 3-1-12　截水沟

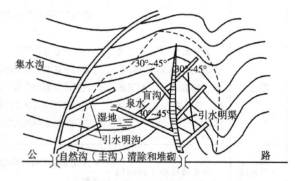

图 3-1-13　树枝状排水系统

（2）地下排水。对于地下水，可疏而不可堵。主要工程措施有：截水盲沟，用于拦截和旁引滑坡外围的地下水；支撑盲沟，兼具排水和支撑作用；仰斜孔群，用近于水平的钻孔把地下水引出。此外，还有盲洞、渗管、渗井、垂直钻孔等排除滑体内地下水的工程措施，如图 3-1-14 所示。

（3）冲刷防护。为了防止河水、库水对滑坡体坡脚的冲刷，可采用的主要工程措施有：护坡、护岸、护堤，在滑坡前缘抛石，铺设石笼等防护工程或导流构造物，如图 3-1-15 和图 3-1-16 所示。

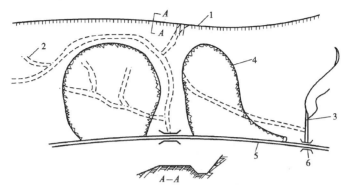

图 3-1-14 滑坡路段综合排水图示
1- 截水沟；2- 排水沟；3- 自然沟；4- 滑坡土体边界；5- 路线；6- 涵洞

图 3-1-15 冲刷防护工程

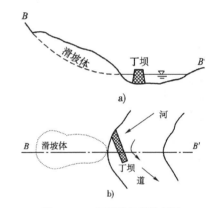

图 3-1-16 河岸防护堤示意图

2）减重和反压

对推移式的滑坡，在上部主滑地段减重，常可以起到根治的效果；对其他性质的滑坡，在主滑地段减重也能起到减小下滑力的作用。减重一般适用于滑坡床为上陡下缓、滑坡后壁及两侧有稳定的岩土体，不致因减重而引起滑坡向上和向两侧发展造成后患。对于错落转变成的滑坡，采用减重使滑坡达到平衡，效果比较显著。有些滑坡的滑带土或滑坡体，具有卸荷膨胀的特点，减重后滑带土松弛膨胀，尤其是地下水浸湿后，其抗滑力减小，引起滑坡。因此，具有这种特点的滑坡，不能采用减重法。另外，减重后将增大暴露面，有利于地面水渗入坡体和使坡体岩石风化，对这些不利因素都应充分进行考虑。

在滑坡的抗滑段和滑坡体外前缘堆填土石加重，如做成堤、坝等，能增大抗滑力，稳定滑坡。但是必须注意，只能在抗滑段加重反压，不能填于主滑地段，而且填方时，必须做好地下排水工程，不能因填土而堵塞原有地下水出口，以免后患。

对于某些滑坡，可根据设计计算，确定需减少的下滑力大小，同时在其上部进行部分减重和下部反压。减重和反压后，应检验滑面从残存的滑体薄弱部位及反压体底面滑出的可能性，如图 3-1-17 所示。

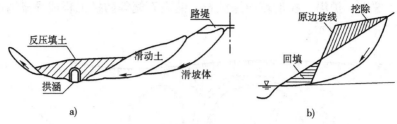

图 3-1-17 滑坡体上方减压和下方回填反压示意图

3）修筑支挡工程

对于因失去支撑而引起滑动的滑坡，或滑坡床陡、滑动可能较快的滑坡，采用修筑支挡工程的办法，可增加滑坡的重力平衡条件，使滑体迅速恢复稳定。支挡建筑物有抗滑挡墙、抗滑桩、锚杆和锚固桩等。

（1）抗滑挡墙。一般是重力式挡墙，位置一般设于滑体的前缘，如图 3-1-18 所示；滑坡中、下部有稳定的岩土锁口者，设置于锁口处；如滑坡为多级滑动，当推力太大，在坡脚一级支挡施工量较大时，可分级支挡，如图 3-1-19 所示。

图 3-1-18 抗滑挡墙图

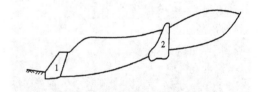

图 3-1-19 分级抗滑挡土墙示意图
1- 一级挡土墙；2- 二级挡土墙

（2）抗滑桩。适用于深层滑坡和各类非塑性流滑坡，对缺乏石料地区和处理正在活动的滑坡更为适宜。其特点是设桩位置灵活，施工简单，开挖面积小。抗滑桩布置取决于滑体密实程度、滑坡推力大小及施工条件，如图 3-1-20 所示。在山区岩石边坡上，经常采用预应力锚索（杆）抗滑，如图 3-1-21 所示。

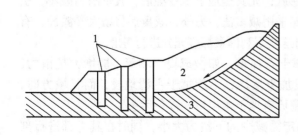

图 3-1-20 抗滑桩示意图
1- 抗滑桩；2- 滑坡体；3- 稳定土体

图 3-1-21 预应力锚索抗滑

（3）锚（杆）索挡墙。这是近20年来发展起来的新型支挡结构，它可节约材料，成功地代替了庞大的混凝土挡墙。锚（杆）索挡墙，由锚杆、肋柱和挡板三部分组成（图3-1-22）。滑坡推力作用在挡板上，由挡板将滑坡推力传于肋柱，再由肋柱传至锚（杆）索上，最后通过锚（杆）索传到滑动面以下的稳定地层中，通过锚（杆）索的锚固来维持整个结构的稳定，如图3-1-23所示。

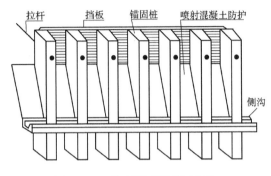

图3-1-22 锚（杆）索抗滑挡土墙

图3-1-23 锚（杆）索抗滑挡土墙

4）改善滑动带土石性质

一般采用焙烧法（>800℃）、压浆及化学加固等物理化学方法对滑坡进行整治，如图3-1-24和图3-1-25所示。

由于滑坡成因复杂、影响因素多，因此，常常需要上述几种方法同时使用、综合治理，方能达到目的。如图3-1-26所示的三峡库区黄蜡石滑坡防治工程，其中采用了地表排水沟、截水沟、地下排水仰斜孔群、锚固桩、化学加固等多种治理方法，该滑坡治理效果很好。

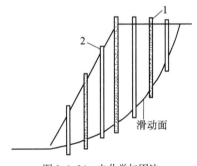

图3-1-24 电化学加固法
1-铁棒；2-铁管

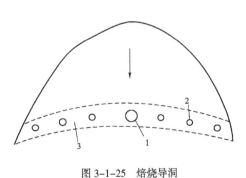

图3-1-25 焙烧导洞
1-中心烟道；2-垂直风道；3-焙烧导洞

图3-1-26 黄蜡石滑坡防治工程

1.2.4 滑坡防治案例

1）滑坡概况

内宜高速公路 K40+300~K40+398 段滑坡分布于公路右车道边坡上，滑坡相对高差为 15.32~16.04m，长 98m，宽 22~23m，面积为 $0.21\times10^4m^2$。滑坡后壁高 7~9m，坡角为 50°~60°，滑坡处地层主要为侏罗系上统蓬莱镇组（J，P）和第四系（Q）。第四系主要为填土层，厚 0~1.5m；侏罗系地层岩性表现为近地表主要为薄层泥岩，风化强烈，破碎。路壁下部为三级平台，一般为 8~10m，长约 110m。三级平台中部为农灌渠，渠底为粉砂岩，发育有三组裂隙，透水性强。农灌渠未作防渗处理，渠水和雨水透过土层与渠底石缝，渗入边坡岩体裂隙和边坡护层内壁填土，降低了岩土抗剪强度，诱发了边坡变形。2007年9月8日发生护面滑塌，堵塞路边排水沟，牵引拉裂了内宜高速公路 K40+300~K40+398 段坡面三级平台。滑坡一旦失稳或整体下滑，不仅会威胁到高速公路边的农灌渠、渠边拦护网等构筑物，而且会威胁高速公路右车道的行车安全及三级平台上排水管道的正常运行。

该区的降水充沛，是地下水主要补给来源之一。地下水为孔隙水和裂隙水，该地岩石透水性较强，根据注水试验资料，其渗透系数 $k=4.5\times10^{-4}$m/s。

2）滑坡治理方案

根据滑坡的成因、类型、规模和发展趋势，提出如下滑坡治理方案：

（1）右车道边坡脚布置重力式挡土墙。

（2）在一级平台下边沟至三级平台边布置锚索和钢筋混凝土格构梁。

（3）格构梁规格为 4m（长）×3m（宽），格子中铺砌空心砖并植草。

（4）对三级平台和农灌渠布置防渗帷幕。

滑坡治理施工应在滑坡范围内进行，必须保证高速公路畅通和当地村民的正常通行。滑坡治理后，应能保证当地村民的生产安全，在公路设计使用年限内，滑坡不再发生滑移、蠕动变形等情况。经分析论证，确定该滑坡采用如下综合治理措施：

（1）防水、排水。渗入滑坡体的雨水和滑坡体内的地下水会加重滑坡体的重力，恶化滑动面的力学性质，因此，防止雨水渗入和排泄滑坡体内地下水对治理滑坡具有重要意义。具体措施是：①对所有直观看到已经滑下来的滑坡体，采用挖掘机清理；当格构梁浇筑后，格构梁需要补充土石方时，再用挖掘机回填，回填的土石方要进行夯实。②在治理滑坡前，对滑坡体后缘农灌渠进行改造。③坡脚布置重力式挡墙，同时布置梅花形泄水孔，排出积存在滑坡体内的部分地下水，改善滑动面的物理力学状态。

（2）支挡、加固。滑坡体暂时稳定只表明坡体处于极限平衡状态，雨季时大量雨水渗入就会打破旧的平衡，从而引起坡体新的滑动，因此仅靠坡体自身稳定是不能保证滑坡长期稳定的，必须对滑坡进行加固。具体措施是：设3排预应力锚索+格构锁梁+铺砌空心砖及植草+农灌渠防渗处理。

3）治理效果

内宜高速公路 K40+300~K40+398 滑坡治理工程结束后，业主进行了滑坡变形巡视检测，检验治理效果和工程质量。结果显示，采用重力式挡墙、锚索、格构梁浇筑及植草、农灌渠防渗等工程形式，不仅投资少，而且工期短，治理效果佳。

1.3 泥石流防治

1.3.1 防治原则

选线是泥石流地区公路设计的重要环节。选线恰当，则可避免或减少泥石流危害发生；选线不当，则可增大泥石流危害的风险。路线平面及纵面的布置，基本上决定了泥石流防治可能采取的措施。所以，防治泥石流首先要从选线考虑。

（1）高等级公路最好避开泥石流地区。当无法避开时，也应按避重就轻的原则，尽量避开规模大、危害严重、治理困难的泥石流沟，而走危害较轻的一岸或在两岸迂回穿插，如图 3-1-27 方案 4 所示。如果过河绕避困难或不适合时，也可在沟底以隧道或明洞穿过，如图 3-1-27 方案 1 所示。

（2）当大河的河谷很开阔，洪积扇未到达河边时，可将公路线路选在洪积扇淤积范围之外通过，如图 3-1-27 方案 3 所示。这时路线线形一般比较舒顺，纵坡也比较平缓，但可能存在以下问题：洪积扇逐年向下延伸淤埋路基，大河摆动使路基遭受水毁。

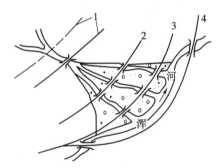

图 3-1-27 公路跨越泥石流沟位置方案选择
1- 靠山做隧道方案或以桥通过沟口；2- 通过堆积区；3- 沿堆积扇外缘通过；4- 过河绕避

（3）路线跨越泥石流沟时，首先应考虑从流通区或沟床比较稳定、冲淤变化不大的堆积扇顶部用桥跨越。由于这里的泥石流搬运力及冲击力最强，还应注意这里有无转化为堆积区的趋势，因此，要预留足够的桥下排洪净空。

（4）如泥石流的流量不大，在全面考虑的基础上，路线也可以在堆积扇中部以桥隧或过水路面的方式通过。采用桥隧时，应充分考虑两端路基的安全措施。这种方案往往很难有效解决排导沟的逐年淤积问题，如图 3-1-27 方案 2 所示。

（5）通过散流发育并有相当固定沟槽的宽大堆积扇时，宜按天然沟床分散设桥，不宜改沟归并。如堆积扇比较窄小，散流不明显，则可集中设桥，一桥跨过。

1.3.2 防治措施

对泥石流病害，应首先进行调查，通过访问、测绘、观测等获得第一手资料，掌握其活动规律后，再按以防为主、以避为宜、以治为辅，防、避、治相结合的方针采取有针对性的措施。泥石流的治理要因势利导，顺其自然，就地论治，因害设防和就地取材，充分发挥排、挡、固等防治技术特殊作用的有效联合。

（1）水土保持工程。在形成区内，封山育林、植树造林、平整山坡、修筑梯田、修筑排水系统及山坡防护工程等均属水土保持工程。水土保持虽是根治泥石流的一种方法，但需要一定的自然条件，受益时间也比较长，一般应与其他措施配合进行。

（2）拦挡工程。在中游流通段，用以控制泥石流的固体物质和地表径流，改变沟床坡降，降低泥石流速度，以减少泥石流对下游工程的冲刷、撞击和淤埋等危害的工程设施即为拦挡工程。拦挡措施有：拦挡坝、格栅坝、停淤场等。拦挡坝适用于沟谷的中上游或下游没有排沙或停淤的地形条件，且必须控制上游产沙的河道，以及流域来沙量大，沟内崩塌、滑坡较多的河段，如图 3-1-28 所示。格栅坝适用于拦截流量较小、大石块含量少的小型泥石流，如图 3-1-29 所示。

图 3-1-28 拦挡坝

图 3-1-29 格栅坝

（3）排导工程。排导工程是指在泥石流下游设置排导措施，使泥石流被顺利排除。其作用是改善泥石流流势、增大桥梁等建筑物的泄洪能力，使泥石流按设计意图顺利排泄。排导工程包括渡槽、排导沟（图 3-1-30）、导流堤（图 3-1-31）等。其中，排导沟适用于有排沙地形条件的路段，其出口应与主河道衔接，出口高程应高出主河道 20 年一遇的洪水水位。渡槽适用于排泄量小于 $30m^3/s$ 的泥石流，且地形条件应能满足渡槽设计纵坡及行车净空要求，路基下方有停淤场地等。

图 3-1-30 排导沟

图 3-1-31 导流堤

（4）跨越工程。桥梁方案适用于跨越流通区的泥石流沟或洪积扇区的稳定自然沟槽，隧道方案适用于穿过规模大、危害严重的大型或多条泥石流沟。隧道方案应与其他方案作技术、经济比较后确定。泥石流地区不宜采用涵洞，在活跃的泥石流洪积扇上禁止使用涵洞。对于三、四级公路，当泥石流规模不大、固体物质含量低、不含有较大石块并有顺直的沟槽时，方可采用涵洞。过水路面适用于穿过小型坡面泥石流沟的三、四级公路。

（5）防护工程。防护工程是指对泥石流地区的桥梁、隧道、路基及其他重要工程设施，修建一定的防护建筑物，用以抵御或消除泥石流对主体建筑物的冲刷、冲击、侧蚀和淤埋等危害。防护工程主要有护坡、挡墙、顺坝和丁坝等。

总之，对于防治泥石流，采取多种措施相结合比采用单一措施更为有效。

1.3.3 泥石流防治案例

1) 工程概述

该泥石流位于重庆市北碚区东阳镇东侧200m处，发生于斜坡上一小冲沟内，流域汇水面积小于0.1km^2，沟谷坡降为20%~50%。泥石流前缘距渝广公路及襄渝铁路150~200m，后缘距公路876m，前缘距公路高差40m，后缘高差224m。区内只有人行小道，交通不便，其设备材料全靠人力运输。该泥石流处于山地斜坡峡谷地带，危岩、崩塌、滑坡、泥石流等地质灾害频繁发生并危及居民的生命财产安全。泥石流顶部有厚层的松散堆积物，其底部基岩为中~下侏罗统自流井组（$J_{1-2}z$）。泥石流后缘有巨厚层的崩滑堆积物及部分残坡积物，是泥石流丰富物质的来源。地貌上呈圈椅状陡坡地形，有利于地表水、地下水汇集，是产生山坡型泥石流的有利因素。根据勘察资料分析，该泥石流为多期活动，雨季为多发期。

2) 泥石流的形成

从1989年开始，崩滑体前沿松动带滑移变形速度显著加快。1993年雨季期从6月开始至7月下了3场大暴雨，8场中、大雨，月降雨量为219.7mm，大量的雨水和松散土体涌入沟内，7月31日大雨后，8月1日导致源头发生滑坡，并迅速转化为泥石流向流通区下泄，中途经缓停坪后再向下部流通区倾泻，并积于堆积区。由于堆积区是一小型洼地，原有的厚5m左右残坡积松散土体起到了一定阻滞作用，形成一鼓丘，迫使流体呈扇形堆积。泥石流的物质由粉土、粉砂、砂砾石及大岩块组成，分选性差。泥石流不断地流动，特别是后缘及旁侧有大量被破坏的松散堆积体，规模有继续扩大的趋势。在勘察时建立了15个监测点，13号点流距为34.0m，平均速度为0.27m/d，最小流距为2号点1.24m，平均速度为0.01m/d。

3) 泥石流防治工程

（1）排水工程。泥石流主要是由地表水、地下水排泄不畅通而引起的，因此排水工程由明渠、主盲沟及支盲沟组成。明渠修建于泥石流下部外围稳定地体，共完成明渠31m，尺寸为1.8m×2.0m，沟底及沟壁用50cm厚浆砌片石构成。盲沟修建在泥石流通道内及附近，共完成盲沟524m，盲沟底部和侧壁用双层夹胶土工布隔离，防止水向下渗漏，中间堆填片石。

（2）帷幕灌浆工程（改土性工程）。该工程建在泥石流前缘堆积区，打ϕ130mm钻孔61个，进入基岩1.5m，计916m。采用强度等级为32.5的矿渣硅酸盐水泥，按1:1的水灰比进行帷幕灌浆，灌浆压力为0.3~0.5MPa。将水泥浆由底部逐步向上部灌注，防止整个松散土体再发生流动，从而改变土体的性质，增强稳定性。利用这一鼓丘，可起到拦阻泥石流下滑的作用。

（3）碎石桩毛石重力坝工程（碎石坝支挡工程）。该工程位于泥石流中部，共打ϕ1200mm土工碎石桩26根，嵌入基岩1.5m，平均桩长8.5m，形成20m×12.5m的矩阵，其上为C15毛石混凝土承台，厚1.5m以上，再在承台上筑毛石重力坝，上宽2m，下宽8m，厚3m。该坝将泥石流拦腰斩断，既阻挡上部下滑土体及当作沉沙池，又能通过碎石桩渗透地下水与盲沟相连，从而形成综合排水系统。

（4）护坡桩支挡工程。该项工程在泥石流上段北岸滑塌区，总长92m，采用 ϕ300mm 钢筋混凝土抗滑桩61根，平均嵌岩深度3.0m，平均桩长7.8m，主要是阻挡坡体继续滑塌。

（5）桩、锚、梁工程（支挡工程）。此工程修建在泥石流前缘及后缘，前缘主要起拦挡作用，后缘主要起护坡作用，防止坡体继续扩展滑塌。

①泥石流前缘整治工程，用2根 ϕ800mm 抗滑桩（钢筋混凝土配筋为 ϕ22mm），穿过泥石流堆积体，嵌入基岩2.75m以上，上端与钢筋混凝土横梁（ϕ150mm）的锚桩（29根）相连，锚桩嵌入基岩7.8m。该项工程用于阻挡堆积物及流通区土体继续滑移，能防止泥石流冲向邻近的居民区和铁路及公路，构成一道坚固防线。

②泥石流后缘构筑的桩锚梁支挡工程，用人工挖成的 1 200mm×1 200mm 方形抗滑桩8根，平均嵌入基岩1.6m以上。上端与钢筋混凝土横梁相连，梁上有一根 ϕ150mm 锚桩，嵌入基岩7.1m，横梁为 1 400mm×1 400mm，长26m。该工程是为防止源头正面土体下滑，切断泥石流的物质来源。整个泥石流防治工程分为两期进行治理，各个防治工程如图3-1-32所示。

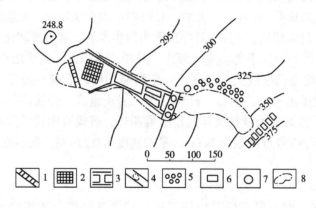

图 3-1-32 重庆市北碚廖槽坪泥石流防治工程

（6）治理工程监测。对竣工的各个工程进行为期3年多的动态变形监测，检验监测结果表明，除碎石毛石重力坝工程有变形外，其他工程均未变形。毛石重力坝的承台与重力坝前沿顶用1:2水泥砂浆砌筑面勾的缝，变形缝宽大于100mm。主要原因为泥石流后缘治理工程迟迟不到位，不能连续施工，加大了重力坝的负荷，使其上部出现明显的变形。为了防止变形加剧，在该坝前修建3条"X"形支撑排水盲沟，排出浅部地下水，使原湿地渐渐变为干地，变形得到控制。1999年全面完工后，其经受住了多次暴雨、大暴雨的考验，监测至今的结果表明，坝体与盲沟均未变形。

1.4 岩溶防治

1.4.1 岩溶地区选线原则

在岩溶区选线，要想完全绕避岩溶地段是不可能的，尤其是在我国中南和西南岩溶分布十分普遍的地区更不可能，因此，宜按"认真勘测、综合分析、全面比较、避重就轻、兴利防害"的原则选线。根据岩溶发育情况和分布规律，注意以下几点：

（1）在可溶性岩石分布区，路线应选择在难溶岩石分布区通过。

（2）路线方向不宜与岩层构造线方向平行，而应与之斜交或垂直通过。

（3）路线应尽量避开河流附近或较大断层破碎带，不能避开时，宜垂直或斜交通过。

（4）路线应尽量避开可溶性与非可溶性岩石或金属矿产的接触带，因这些地带往往岩溶发育强烈，甚至岩溶泉成群出露。

（5）在岩溶发育地区选线，应尽量在土层覆盖较厚的地段通过，因覆盖层一般可起到防止岩溶继续发展、增加溶洞顶板厚度和使上部荷载扩散的作用，但应注意覆盖土层内有无土洞的存在。

（6）桥位宜选在难溶岩层分布区或无深、大、密的溶洞地段。

（7）隧道位置应避开漏斗、落水洞和大溶洞，并避免与暗河平行。

1.4.2 勘察调查要点

岩溶发育区的勘察调查一般包括公路路基、桥基和隧道三个方面的工程地质勘察调查，见表3-1-4。

岩溶勘察调查要点　　　　　　　　　　　表3-1-4

方法	目的	要点
测绘	查明场地岩溶发育程度，能满足路线方案选择	可溶岩分布地段的地形地貌特征，地表岩溶的主要形态、规模大小、分布特点；可溶岩的岩性、分布范围、第四系地层岩性、成因类型、沉积厚度、结构特征；土洞的分布位置、规模； 岩层产状、地质构造类型、新构造活动的特征、断裂和褶皱轴的位置、构造破碎带的宽度、可溶岩与非可溶岩的接触界线、岩体的节理裂隙发育程度； 地下水类型、埋藏条件、补给、径流和排泄条件，地下水露头位置和高程、涌水量大小，地下水与地表水的水力联系，地表水的消水位置，各不良地质现象的成因类型、规模、稳定情况和发展趋势
勘探	了解岩溶区地层结构、岩性、含水层的性质、地下水位以及取样试验	岩溶地区公路路基的工程地质勘探，查明沿线不同路段的岩溶发育程度和分布规律，在判定的岩溶发育带和物性指标异常带应布置钻孔验证物探成果，同时查明岩溶的基本形态和规模、洞穴充填物的性状和地下水位高程等，利用人力钻和轻型机钻，查明第四系地层岩性、沉积厚度、结构特征、土洞的分布位置和规模； 岩溶地区桥基的勘探首先应采用物探，查明桥位区岩溶的发育规律、不同地段的岩溶发育强度和发育特点，第四系的地层岩性、层序、沉积厚度、结构特点； 隧道的工程地质勘探应以物探方法为主，并在充分分析遥感和测绘资料的基础上布置勘探工作；首先沿隧道中线和断裂破碎带、褶皱轴部、可溶岩与非可溶岩接触带布置物探勘探线，查明洞身不同地段的岩溶发育程度和分布规律、岩溶洞穴的含水特性等；在隧道的洞口和已判定的岩溶发育带，物性指标异常时，应布置钻孔，查明洞体围岩的工程特性，主要内容为岩溶发育程度、基本形态和规模、洞穴充填物性状、岩溶的富水性、补给、径流和排泄条件；钻孔深度应在隧道底板设计高程以下完整基岩钻进5~8m；在该深度遇有溶洞时，钻孔应穿过洞穴，在溶洞底板完整基岩内钻进3~5m

续上表

方法	目　的	要　点
工程地质试验	为岩溶防治工程的设计提供依据和计算参数	对地基中的洞穴顶板岩石进行下列测定：饱和单轴抗压强度、岩石的黏聚力、内摩擦角、弹性模量、泊松比、剪切弹性模量等； 对隧道洞体上部2.5倍洞径高度范围内的围岩进行下列测定：天然状态和饱和状态单轴抗压强度、弹性抗力系数、内摩擦角、弹性模量、泊松比、剪切弹性模量，有条件时测定围岩弹性波的波速； 对深路堑和隧道洞身附近的岩溶含水带进行抽水试验，查明含水带的水文地质特征； 为查明地下洞穴连通情况和地下水之间的水力联系，应作连通试验； 对地下水和地表水作水质分析，确定其对混凝土的侵蚀情况

1.4.3　整治措施

对岩溶和岩溶水的处理措施可以归纳为堵塞、疏导、跨越、清基加固等几个方面。

1）堵塞

对基本停止发展的干涸的溶洞，一般以堵塞为宜。如用片石堵塞路堑边坡上的溶洞表面并以浆砌片石封闭。对路基或桥基下埋藏较深的溶洞，一般可通过钻孔向洞内灌注水泥砂浆、混凝土、沥青等加以堵塞，提高其强度，如图3-1-33所示。

2）疏导

对经常有水或季节性有水的空洞，一般宜疏不宜堵，应因地制宜、因势利导。路基上方的岩溶泉和冒水洞，宜采用排水沟将水截流至路基外。对于路基基底的岩溶泉和冒水洞，设置集水明沟或渗沟，将水排出路基，如图3-1-34所示。

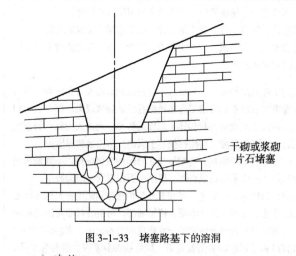

图3-1-33　堵塞路基下的溶洞

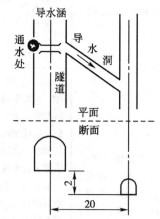

图3-1-34　利用水平导坑排水（尺寸单位：m）

3）跨越

对位于路基基底的开口干溶洞，当洞的体积较大或深度较深时，可采用构造物跨越，如图3-1-35所示采用天生桥隧道绕行。对于有顶板但顶板强度不足的干溶洞，可炸除顶板后进行回填，如图3-1-36所示，或设构造物跨越。

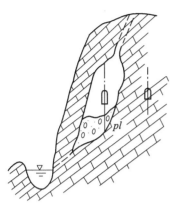

图 3-1-35 天生桥隧道绕行

图 3-1-36 炸除顶板的溶洞

4) 清基加固

为防止基底溶洞坍塌及岩溶水渗漏,经常采用如下加固方法:

(1) 洞径大、洞内施工条件好时,可采用浆砌片石支墙、支柱等加固。如需保持洞内水流畅通,可在支撑工程间设置涵管排水。

(2) 对深而小的溶洞不能使用洞内加固办法时,可采用石盖板或钢筋混凝土盖板跨越可能的破坏区。

(3) 对洞径小、顶板薄或岩层破碎的溶洞,可采用爆破顶板回填片石的办法。如溶洞较深或需保持排水者,可采用拱跨或板跨的办法。

(4) 对有充填物的溶洞,宜优先采用注浆法、旋喷法进行加固,不能满足设计要求时,宜采用构造物跨越。

(5) 如需保持洞内流水畅通时,应设置排水通道。

隧道工程中的岩溶处理较为复杂。隧道内常有岩溶水的活动,若水量很小,可在衬砌后压浆以阻塞渗透;对成股水流,宜设置管道引入隧道侧沟进行排出;水量大时,可另开横洞(泄水洞);长隧道可利用平行导坑(在进水一侧),以拦截涌水。

在建筑物使用期间,应经常观测岩溶的发展方向,以防岩溶作用继续发生。

1.4.4 岩溶防治案例

1) 工程概况及主要地质情况

朱家岩隧道位于湖北省长阳县境内,设计为分离式隧道,近东西向展布,全长 2 600m,是湖北沪蓉西高速公路长大隧道中关键性控制工程。隧道穿越干沟与渔泉溪水系的分水岭,通过地段岩溶发育,岩溶水文地质条件复杂。隧道左线 ZK52+499 处有一特大溶洞,从 ZK52+499~ZK52+461 段溶洞的初步测量来看,大溶洞长约 37m,斜穿隧道,对隧道安全影响极大,使隧道的岩层强度围岩稳定性严重降低,施工中必须进一步加强隧道结构的设计,对溶洞山体地表的结构采取加固措施。发现溶洞后,施工中采用工字钢搭设便桥,上部填充洞渣通过。自 2006 年 1 月 17 日发现该溶洞以来,已经历了春、夏、秋、冬四个季节,经过 2007 年雨季的持续观测,发现该溶洞仅在暴雨时洞内存在少量流水,平时无水。溶洞平面图如图 3-1-37 所示。

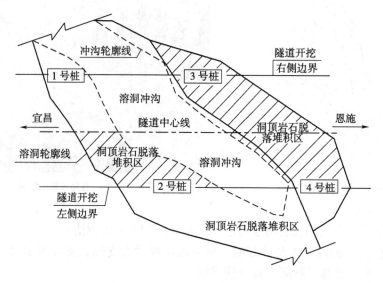

图 3-1-37 溶洞平面图

2）处理方案

（1）岩壁处理。为了溶洞岩体有足够的稳定性，不再因发生塌方给隧道带来影响及隧道周边岩层虚弱产生侧移变形，在溶洞临空处垂直于岩壁布设 $\phi 22$ 药卷锚杆；锚杆长度为 5~8m，环、纵向间距 1m，挂 $\phi 6@200 \times 200$ 单层钢筋网，喷射 15cm 厚 C20 混凝土。

（2）初期支护。加强初期支护，对于未漏空断面（紧贴岩壁处）采用 I 20 工字钢支撑，纵向间距 0.6m；拱墙设置系统锚杆，每根长 3.5m，环、纵间距 0.8m×0.6m；挂 $\phi 8@200 \times 200$ 单层钢筋网，喷射 25cm 厚 C20 混凝土。

（3）二次衬砌。加强二次衬砌。考虑到山体岩质断夹层严重，岩体变化产生下沉或侧移，为增大压力、预防结构断裂，衬砌断面应有足够强度，还应足够拉应力，因此，将其原设计 30cm 厚素混凝土衬砌改为 90cm 厚 C30 防水钢筋混凝土衬砌。

（4）衬砌背后空腔处理。

①溶洞壁与衬砌外轮廓净距小于 1m 的空腔，采用 C20 泵送混凝土填充密实。

②溶洞壁与衬砌外轮廓净距大于 1m 且小于 3m 的空腔，采用 M7.5 浆砌片石回填密实。

③溶洞壁与衬砌外轮廓净距大于 3m 的空腔，采用 M7.5 浆砌片石码砌回填，厚度不得小于 3m。

（5）防水设计。ZK52+494~ZK52+461 段衬砌后设置全环复合防水板，施工缝设置橡胶止水带及橡胶止水条。

（6）基础处理。

①ZK52+471~ZK52+459.5 和 ZK52+483.5~ZK52+494 一侧衬砌边墙落在围岩上，另一侧落在托梁上。为尽可能避免两侧边墙产生不均匀沉降，落在围岩上的边墙基础必须做

加固处理，使其基底承载力不得小于600kPa，否则应采用C20混凝土回填或采用吹砂注浆对基底进行加固。

②ZK52+483~ZK52+494段右侧衬砌和ZK52+461~ZK52+480段左侧衬砌的隧道基底应先清除洞顶岩石脱落堆积体，清理至基岩后，采用C20混凝土现浇换填，周边附近空洞处应采用M7.5浆砌片石回填密实。

（7）跨越溶洞冲沟设计。

①初期支护、衬砌落脚处理。由于ZK52+494~ZK52+461段跨越溶洞冲沟，设计时采用在该段两侧初期支护、衬砌边墙下设置桩基托梁的方式进行跨越。托梁截面尺寸：1.2m×2.0m（宽×高），托梁长为24m，桩基长为24m。桩基截面尺寸：2m×1.5m，桩长13m。

②路面落脚处理。采用埋置式轻型桥台和桩基础，桥梁上部采用预应力混凝土宽幅空心板越过溶槽。具体见图3-1-38。

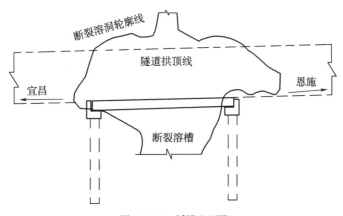

图3-1-38　桥梁立面图

沉降缝：基底处理段在ZK52+463、ZK52+483、ZK52+496处各设一道沉降缝，缝宽20~30mm，可结合施工缝的设置一并考虑。

检修窗：考虑到左侧溶洞空间较大，在衬砌左右两侧各预留一个2.5m×2m检修窗，以利于运营期间的检测维护，同时可作为紧急通风的通风口。

超前地质预报：在朱家岩隧道岩溶地段的施工中，集中了多种超前地质预报技术。其综合运用步骤如下：

第一步，采用TSP202地质预报系统对掌子面前方150m范围内的围岩地质状况（软硬、完整及破碎程度）进行宏观判断。

第二步，采用50m长距离钻探，初步确认钻孔所经区域的地层岩性、岩层构造、岩体完整程度、溶洞大小、地下水及水压等情况。

第三步，采用地质雷达技术并结合短距离的多孔钻探对前两步物探结果进行验证，尽可能准确地掌握前方围岩结构面产状、岩溶发育形态、规模及岩溶充填物的性质，进行水压和涌水量测试，判断岩溶涌水突泥的可能性及其危害程度，制订岩溶处理方案。

第四步，采用掌子面地质素描、每开挖循环钻孔资料对前面几步进行验证、分析，以此作为制订和变更隧道开挖方法、加强或减弱支护结构、调整设计和指导施工的依据。

量测监控：朱家岩隧道岩溶地段拱顶下沉段埋设6个测点，水平收敛段设6个测点，暗河流量设2个监测点。

本任务小结

崩塌、滑坡、泥石流和岩溶是山区公路常见地质病害。这些地质灾害的发生，常使交通中断，影响公路的正常运输。

泥石流、岩溶的治理方法主要有：挡土工程、排导工程、跨越工程、疏导、加固等。

思考题

1. 滑坡的防治原则是什么？滑坡的防治措施有哪些？
2. 岩溶地区的主要工程地质问题有哪些？常用的防治措施有哪些？

学习任务2　主要特殊性岩土的处治

2.1　软　　土

2.1.1　软土特征

软土主要是静水或缓慢流水环境中沉积的以细颗粒为主的第四纪沉积物。通常在软土形成过程中有生物化学作用参与，这是因为在软土沉积环境中有喜湿植物生长，植物死亡后遗体埋在沉积物中，在缺氧条件下分解，参与软土的形成。我国软土有下列特征：

（1）软土的颜色多为灰绿、灰黑色，手摸有滑腻感，能染指，有机质含量高，时有腥臭味。

（2）软土的颗粒成分主要为黏粒及粉粒，黏粒含量高达60%~70%。

（3）软土的矿物成分，除粉粒中的石英、长石、云母外，黏土矿物主要是伊利石，高岭石次之。此外，软土中常有一定量的有机质，可高达8%~9%。

（4）软土具有典型的海绵状或蜂窝状结构，其孔隙率大，含水率高，透水性小，压缩性大，是软土强度低的重要原因。

（5）软土具有层理构造，软土和薄层粉砂、泥炭层等相互交替沉积，或呈透镜体相间沉积，形成性质复杂的土体，如图3-2-1所示。

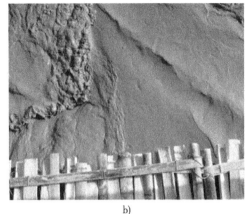

a)　　　　　　　　　　　　　　　　b)

图 3-2-1　软土

2.1.2　软土的工程性质

1）软土的孔隙率和含水率

软土的颗粒分散性高，联结弱，孔隙率大，含水率高，孔隙率一般大于 1，最高可达 5.8。如云南滇池淤泥，含水率大于液限，达 50%~70%，最大可达 300%。沉积年代久，埋深大的软土，其孔隙率和含水率会降低。

2）软土的透水性和压缩性

软土孔隙率大，孔隙细小，黏粒亲水性强；土中有机质多，分解出的气体封闭在孔隙中，使土的透水性很差，渗透系数 $K < 10^{-6}$cm/s；荷载作用下排水不畅，固结慢，压缩性高，压缩系数 $a = 0.7$~20MPa^{-1}，压缩模量为 1~6MPa。软土在建筑物荷载作用下容易发生不均匀下沉和大量沉降，而且下沉缓慢，完成下沉的时间很长。

3）软土的强度

软土强度低，无侧限抗压强度在 10~40kPa 之间。不排水直剪试验的 $\varphi = 2°$~$5°$，$c = 10$~15kPa；排水条件下 $\varphi = 10°$~$15°$，$c = 20$kPa。所以，在确定软土抗剪强度时，应根据建筑物加载情况选择不同的试验方法。

4）软土的触变性

软土受到振动后，颗粒联结被破坏，土体强度降低，呈流动状态，称为触变，也称振动液化。触变可以使地基土大面积失效，导致建筑物破坏。触变的机理是吸附在土颗粒周围的水分子的定向排列被破坏，土粒悬浮在水中，呈流动状态。当振动停止，土粒与水分子相互作用的定向排列恢复，土强度可慢慢恢复。

5）软土的流变性

在长期荷载作用下，软土的变形可延续很长时间，最终引起破坏，这种性质称为流变性。破坏时土的强度低于常规试验测得的标准强度，软土的长期强度只有平时强度的 40%~80%。

2.1.3 软土地基的加固与处理方法

软土地基变形破坏的主要原因是承载力低，地基变形大或发生挤出。建筑物变形破坏的主要形式是地基不均匀沉降使建筑物产生裂缝，影响正常使用。修建在软土地基上的公路、铁路，其路堤高度受软土强度的控制，路堤过高，将导致挤出破坏，产生坍塌，如图3-2-2所示。

图3-2-2 软土塌陷

软土地基的加固与处理方法见表3-2-1。

软土地基的加固与处理方法　　　　　　　　　　　　表3-2-1

方法	施工要点	适用范围
强夯	采用10~20t重锤从10~40m高处自由落下，夯实土层，强夯法产生很大的冲击能，使软土迅速排水固结，加固深度可达11~12m	适用于层厚小于12m的软土层
换土	将软土挖除，换填强度较高的黏性土、砂、砾石、卵石等渗水土，从根本上改善地基土的性质	适用于深度不超过2m的软土层
砂垫层	 在建筑物（如路堤）底部铺设一层砂垫层，其作用是在软土顶面增加一个排水面；在路堤填筑过程中，由于荷载逐渐增加，软土地基排水固结，渗出的水可以从砂垫层排走	适用于软土深度不超过2m，砂料较丰富的地区

续上表

方法	施工要点	适用范围
抛石挤淤	在路基底部从中间向两边抛投一定数量的片石,将淤泥挤出基底范围,以提高地基强度	适用于石料丰富区,软土厚3~4m
反压护道	在路堤两侧填筑一定宽度低于路堤的护道,以平衡路堤下的软土的隆起之势,从而保证路堤的稳定性	适用于非耕作区和取土不困难的地区
砂井排水	在软土地基中按一定规律设计排水砂井,井孔直径多在0.4~2.0m,井孔中灌入中、粗砂,砂井起排水通道作用,以加快软土排水固结过程,使地基土强度提高	适用于软土层厚度大于5m、路堤高度大于极限高度2倍的情况,或地处农田和填料来源较困难的地区
深层挤密	在软弱土中成孔,在孔内填以水泥、砂、碎石、素土、石灰或其他材料(煤矸石、粉煤灰等),形成桩土复合地基(水泥砂桩或石灰桩),从而使较大深度范围内的松软地基得以挤密和加固	适用于软土层较厚的地区
化学加固	通过气压、液压等将水泥浆、黏土浆或其他化学浆液压入、注入、拌入土中,使其与土粒胶结成一体,形成强度高、化学稳定性良好的"结石体",以增强土体强度;按施工方式分为灌浆法、高压旋喷法、深层搅拌法等	适用于软土层较厚的地区
土工织物加固	将具有较大抗拉强度的土工织物、塑料隔栅或筋条等材料铺设在路堤的底部,以增加路堤的强度,扩散基底压力,阻止土体侧向挤出,从而提高地基承载力和减小路基不均匀沉降	

2.1.4 软土病害处治案例

1）工程概况

大窑湾港二期工程是国家重点工程,泊位采用重力式沉箱结构,其中,15号、16号泊位是两个超重型泊位,2006年开始建设,能停靠目前最大的集装箱轮船。其中,16号泊位后方陆域的黄土区,在原来碎石吹填土的基础上又回填了大厚度的黄土,回填时间约1年,厚度在10m以上,其成分以软塑~可塑状粉质黏土、黏性土为主。

2）软基处理方案

设计单位和业主在权衡了各种地基处理方法的优劣后,采用强夯置换法处理深厚软土地基。施工过程关键技术表现为:

(1) 夯锤。夯锤的选用是强夯置换的关键。为提高强夯置换的处理深度和成坑速度,本工程夯锤选用以山西省机械施工公司获国家专利的异型夯锤(专利号:ZL200620024963.6)为基础,改进自制的异型锥台形组合式夯锤,上下小中间大(普通夯锤为圆柱形)。夯锤质量为35t,锤高3m以上,底面积为$1.1m^2$左右,锤底静接地压力值不小于300kPa。为了提高夯击效果,沿锤体边均匀设置3个上下贯通的排气槽,孔径为30~40cm。具体形状见图3-2-3。

图3-2-3 夯锤

(2) 夯间地表变形观测。通过地表夯沉量的监测和夯间地表变形观测,掌握地表的沉降、隆起的土方量及夯坑的填料量,确定夯击数和最佳夯击能,为大面积施工提供依据。本工程经试夯确定的夯坑填料量为每平方米$3.4m^3$,隆起的土方外运量约为填料量的1/3,置换效果显著。

(3) 间距及布点形式。强夯置换布点形式应根据基础形状和宽度采用等边三角形、等腰三角形或正方形布置。置换墩间距应根据荷载大小和原土的承载力选定,当满堂布置时,夯击点间距可取夯锤直径的2.5~3.5倍。本工程采用3m的正三角布置,间距为夯锤直径的3倍。对独立基础或条形基础,可取夯锤直径的1.5~2.5倍。满夯应采用轻锤或低落距锤进行夯击,锤印搭接1/3。

(4) 落距的控制。根据工程所需的夯击能和确定的锤质量,相应的锤的落距即可确定。开工前,应检查夯锤的质量和落距。施工过程中,落距应通过钢丝绳锁定控制,并在龙门架上作出落距标志。施工过程中,对夯锤落距的偏差要求一般控制在30cm以内。

(5) 填料质量控制和填料控制。夯坑回填料为级配良好的块石、碎石、砾石土、矿渣和建筑垃圾等坚硬粗颗粒材料,最大粒径以不超过300mm为宜,且含量不宜超过全重的30%。当夯坑过深而发生起锤困难时,应停夯,测量上坑口直径,计算夯坑体积,然后用装载机将卸于坑口附近的填料填入坑内至与坑顶平,记录填料数量,并用推土机整平后,继续落锤夯击。如此重复直到满足规定的夯击次数及控制标准,即完成一个墩体的夯击。

当夯点周围软土被挤出影响施工时,可随时清理并在夯点周围铺垫垫层,以利于继续施工。垫层材料可与回填料相同,粒径不宜大于100mm。为了提高施工速度,一般填料视地质条件控制在2~4次为宜。如遇不良地质条件,可适当增加填料次数,但不宜超过6次。

(6)坑深及夯沉量控制。为了提高置换效果,应控制和掌握夯坑的深度。一般在填料时,夯坑深度不小于2m,并最终以拔锤困难停夯。但当场地土吸锤严重,夯坑深度达不到2m时,应适当填料,解决吸锤问题后再夯,以确保夯坑深度。

(7)施工顺序。夯点施打顺序应根据场地和地质条件合理安排,一般按由内向外、隔行跳打的原则进行施工。但对于本工程软弱土质或淤泥质土地基进行强夯置换处理时,则是一遍逐点逐行完成。

3)处理效果

由检测报告显示的各区各点的地表静荷载检验结果可以看出,施工中采用的强夯置换施工方法达到了预期的目的。各夯点、夯间处及地表复合地基承载力特征值均大于180kPa,满足设计要求。

2.2 黄 土

黄土是以粉粒为主,含碳酸盐,具大孔隙,质地均一,无明显层理而有显著垂直节理的黄色陆相沉积物,在干旱气候条件下形成,一般分布在沙漠下风处。如图3-2-4所示为黄土地貌。

图3-2-4 黄土地貌

2.2.1 黄土的特征

(1)颜色为淡黄、褐黄和灰黄色。

(2)以粉土颗粒(0.075~0.005mm)为主,占60%~70%。

(3)含各种可溶盐,主要富含碳酸钙,含量达10%~30%,对黄土颗粒有一定的胶结作用,常以钙质结核的形式存在,又称姜石。

(4)结构疏松,孔隙多且大,孔隙率达33%~64%,肉眼可见虫孔、植物根孔等。

(5)无层理,具有柱状节理和垂直节理,天然条件下稳定边坡接近直立。

(6)具有湿陷性。

只具备其中部分特征的黄土称为黄土状土,二者的特征见表3-2-2。

黄土和黄土状土的特征 表3-2-2

特征	名称	黄 土	黄土状土
外部特征	颜色	淡黄色为主,还有灰黄、褐黄色	黄色、浅棕黄色或暗灰褐色
	结构构造	无层理,有肉眼可见之大孔隙及由生物根茎遗迹形成之管状孔隙,常被钙质或泥填充,质地均一,松散易碎	有层理构造、粗粒(砂粒或细砾)形成的夹层成透镜体,黏土组成微薄层理,可见大孔隙较少,质地不均一
	产状	垂直节理发育,常呈现大于70°的边坡	有垂直节理但延伸较小,垂直陡壁不稳定,常成缓坡

续上表

特征	名称		黄土	黄土状土
物质成分		粒度成分	粉土粒为主（0.007 4~0.005mm），含量一般大于60%，其中0.074~0.01mm的粗粉粒占50%以上；大于0.25mm的颗粒极少或几乎没有；颗粒较粗	粉土粒含量一般大于60%，但其中粗粉粒小于50%；含少量大于0.25mm或小于0.005mm的颗粒，有时可达20%以上；颗粒较细
		矿物成分	粗粒矿物以石英、长石、云母为主，含量大于60%；黏土矿物有蒙脱石、伊利石、高岭石等；矿物成分复杂	粗粒矿物以石英、长石、云母为主，含量小于50%；黏土矿物含量较高，以蒙脱石、伊利石、高岭石为主
		化学成分	以 SiO_2 为主，其次为 Al_2O_3、Fe_2O_3，富含 $CaCO_3$，并有少量 $MgCO_3$ 及少量易溶盐类（如NaCl等），常见钙质结核	以 SiO_2 为主，Al_2O_3、Fe_2O_3 次之，含 $CaCO_3$、$MgCO_3$ 及少量易溶盐（如NaCl等），年代老的含碳酸盐多，年代新的含碳酸盐少
物理性质		孔隙率	高，一般大于50%	较低，一般不高于40%
		干密度	较低，一般为 $1.4g/cm^3$ 或更低	较高，一般为 $1.4g/cm^3$ 以上，有时可达 $1.8g/cm^3$
		渗透系数	一般为 0.6~0.8m/d，有时可达 1m/d	透水性小，有时可视为不透水层
		塑性指数	10~12	一般大于12
		湿陷性	显著	不显著，或无湿陷性
		含水率	较小，一般小于25%	较大，一般大于25%
成岩作用程度			一般固结较差，年代老的黄土较坚固，称为石质黄土	松散沉积物，或有局部固结
成因			多为风成，少量为水成	多为水成

2.2.2 黄土的分类

根据黄土形成的地质年代和成因不同，黄土的分类不同，可以将黄土分成以下类型，见表3-2-3。

表3-2-3

年代分类	地层时代		成因分类	描述
砂黄土	全新世	Q_4	风积黄土	分布在黄土高原平坦的顶部和山坡上，厚度大，质地均匀，无层理
新黄土	晚更新期	Q_3	坡积黄土	多分布在山坡坡脚及斜坡上，厚度不均，基岩出露区常夹有基岩碎屑
老黄土	中更新期	Q_2	残积黄土	多分布在基岩山地上部，由表层黄土及基岩风化而成
			洪积黄土	主要分布在山前沟口地带，一般有不规则的层理，厚度不大
红色黄土	早更新期	Q_1	冲积黄土	主要分布在大河的阶地上，如黄河及其支流的阶地上；阶地越高，黄土厚度越大，有明显层理，常夹有粉砂、黏土、砂卵石等；大河阶地下部常有厚数米及数十米的砂卵石层

2.2.3 黄土的工程性质

1）黄土的压缩性

土的压缩性用压缩系数 a 表示：$a<0.1\text{MPa}^{-1}$，为低压缩性土；$a=0.1\text{~}0.5\text{MPa}^{-1}$，为中压缩性土；$a>0.5\text{MPa}^{-1}$，为高压缩性土。

黄土多为中压缩性土，近代黄土压缩性较高，老黄土压缩性较低。

2）黄土的抗剪强度

一般黄土的内摩擦角 $\varphi = 15° \sim 25°$，凝聚力 $c = 30 \sim 40 \mathrm{kPa}$，抗剪强度中等。

3）黄土的湿陷性和黄土陷穴

天然黄土在一定的压力作用下，浸水后产生突然下沉现象，称为湿陷。这个一定的压力称为湿陷起始压力。在饱和自重压力作用下的湿陷称为自重湿陷；在自重压力和附加压力共同作用下的湿陷，称为非自重湿陷。

黄土湿陷性评价多采用浸水压缩试验的方法，将原状黄土放入团结仪内，在无侧限膨胀条件下进行天然黄土压缩试验。当变形稳定后，测出试样高度，再测浸水饱和、变形稳定后的试样高度，计算相对湿陷性系数。根据相对湿陷性系数分为：非湿陷性黄土、轻微湿陷性黄土、中等湿陷性黄土、强湿陷性黄土。

此外，黄土地区常常有天然或人工洞穴，由于这些洞穴的存在和不断发展扩大，往往引起上覆建筑物突然塌陷，称为陷穴。黄土陷穴主要是由于黄土湿陷和地下水的潜蚀作用造成的，如图 3-2-5 和图 3-2-6 所示。为了及时整治黄土洞穴，必须查清黄土洞穴的位置、形状及大小，然后有针对性地采取有效整治措施。

图 3-2-5　黄土的湿陷性引起公路路基塌陷

图 3-2-6　黄土的湿陷性引起边坡塌陷

2.2.4　黄土地质病害的防治措施

由于黄土结构疏松，具有孔隙大、抗水性能差、易崩解、潜蚀、冲刷和湿陷性等特征，使得建在黄土地区的工程出现多种病害，如路堑边坡的剥落、冲刷、崩塌、滑坡，路堤和房屋建筑的不均匀沉陷、变形开裂等。因此，在工程中必须采取相应的防治措施，以保证安全。

1）防水措施

水的渗入是黄土地质病害的根本原因，只要能做到严格防水，就可以避免或减少各种事故的发生。防水措施包括：场地平整，以保证地面排水畅通；做好室内地面防水措施，室外散水、排水沟，特别是施工开挖基坑时要注意防止水的渗入；切实做到上下水道和暖气管道等用水设施不漏水。

2) 边坡防护

捶面护坡：在西北黄土地区，为防治坡面剥落和冲刷，可用石灰炉渣灰浆、石灰炉渣三合土、四合土等复合材料，在黄土路堑边坡上捶面防护。这种方法适用于年降雨量稍大地区和坡率不陡于 1：0.5 的边坡。防护厚度为 10~15cm，一般采用等厚截面，只有当边坡较高时，才采用上薄下厚截面。基础设有浆砌片石墙脚，如图 3-2-7 所示。

砌石防护：因黄土路堑边坡普遍在坡脚 1~3m 高范围内发生严重冲刷和应力集中现象，可采用砌石防护，分为干砌和浆砌两种。这种防护的效果较好，常被广泛采用，可用于路堑的任何较陡的边坡，如图 3-2-8 所示。因黄土地区缺乏片石，故采用此法又有一定的困难。

此外，在黄土地区公路边坡还可以采用植物防护、喷浆防护等边坡防护方式。

图 3-2-7 捶面护坡

图 3-2-8 砌石防护

3) 地基处理

地基处理是对基础或建筑物下一定范围内的湿陷性黄土层进行加固处理，或换填非湿陷性土，达到消除湿陷性、减小压缩性和提高承载力的目的。在湿陷性黄土地区，国内外采用的地基处理方法有重锤表层夯实、强夯、换填土垫层、土桩挤密、化学灌浆加固等，见表 3-2-4。

黄土地基处理方法　　　　　　　　表 3-2-4

方　法	施工要点	适用范围
重锤表层夯实	一般采用 2.5~3.0t 的重锤，落距 4.0~4.5m	适用于 2m 以内厚度的黄土地基
强夯	一般采用 8~40t 的重锤（最重达 200t），从 10~20m 的高度自由下落，击实土层	适用于大于 2m 的黄土地基
换填土垫层	先将处理范围内的黄土挖出，然后用素土或灰土在最佳含水率下回填夯实	适用于地表下 1~3m 的湿陷性黄土层
土桩挤密	先在土中成孔，然后在孔中分层填入素土或灰土并夯实；在成孔和填土夯实的过程中，桩周的土被挤压密实，从而消除湿陷性	适用于 5~15m 厚的黄土地基
化学灌浆加固	通过注浆管，将化学浆液注入土层中，使溶液本身起化学反应，或溶液与土体起化学反应，生成凝胶物质或结晶物质，将土胶结成整体，从而消除湿陷性	适用于较厚但范围较小的黄土地基

2.2.5 黄土病害处治案例

1）工程概况

晋侯高速公路一期工程线路总长66.792km，其中属湿陷性黄土路段总长39.101km，占线路总长的59%，总面积约127万m^2，湿陷厚度在6.5~13m。设计规定，填土大于4m的湿陷黄土路堤及Ⅲ级自重湿陷地段，大中桥桥头50m、小桥桥头30m范围内的路堤，原地基采用强夯处理；对于零填及填高小于4m的湿陷黄土地基采用重夯处理；夯实宽度为路基坡角外2m范围。汾河桥头段属冲击平原区，地表以下30~40m范围为浅灰黄、黄褐、红黄黄土，硬塑—坚硬，具有Ⅱ级自重湿陷性，湿陷厚度为7.4~13m，局部地层呈流塑状态，桥头200m范围段采用振冲碎石桩处理。部分结构物基底存在软弱下卧层，重锤夯实后无法满足承载力要求，采用高压旋喷桩或粉喷桩处理。

2）主要处治方法

（1）灰土换填法。在靠近民房或是有地下埋设管线且湿陷厚度较小的段落，重锤夯实过程中对建筑物影响较大，经协商后，改用灰土换填法处治湿陷黄土，换填厚度一般为2m左右，宽度超过路基坡角外2m。

（2）重锤夯实法。重锤夯实法又称动力固结法，即用起重设备反复将5~40t的锤（最重的达200t）起吊到5~25m高处（最高的达40m），而后自动脱钩释放荷载或带锤自由落下，其动能在土中形成强大的冲击波和高应力，从而提高地基的强度、降低压缩性、消除湿陷性等。本项目湿陷黄土处治主要采用此方法，施工中按夯击能量分重夯与强夯。

（3）高压旋喷桩施工。本项目旋喷桩桩径为0.6m，桩间距为1.2~1.5m，单根桩长5~7m（含保护桩头0.5m），梅花形布置。桩体28d立方体设计抗压强度≥5MPa，每延米水泥用量不小于200kg；设计抗压强度≥3MPa，每延米水泥用量不小于120kg。复合地基承载力要求达到350kPa。

（4）振冲碎石桩施工。汾河大桥桥头段黄土覆盖层下存在可液化粉砂层，设计采用振冲碎石桩进行综合处治。要求复合地基承载力特征值达到250kPa以上，桩长分6m、9m、10m、12m四种，桩距2.5m、3.0m、3.5m，梅花形布置。其中，桩长9m分两层：原地面以下3.6m桩径为0.9m，碎石填量为0.8m^3，地面以下3.6~9m桩径为1.1m，碎石填量为1.2m^3。其余段落桩径均为1.1m，碎石填量为1.2m^3。填料粒径为2~15cm，含泥量不大于5%。

2.3 膨 胀 土

膨胀土是一种富含亲水性黏土矿物，并且随含水率增减，体积会发生显著胀缩变形的高塑性黏土。其黏土矿物主要是蒙脱石和伊利石，二者吸水后强烈膨胀，失水后收缩，长期反复多次胀缩，强度衰减。

2.3.1 膨胀土的工程性质

（1）强亲水性。膨胀土多为灰白、棕黄、棕红、褐色等，如图3-2-9所示。颗粒成分以黏粒为主，含量在35%~50%之间，粉粒次之，砂粒很少。黏粒的矿构成分多为蒙脱石和伊利石，这些黏土颗粒比表面积大，有较强的表面能，在水溶液中吸引极性水分子和水中离子，呈现强亲水性。

（2）结构紧密。天然状态下，膨胀土结构紧密、孔隙率小，干密度达 $1.6\sim1.8g/cm^3$，塑性指数为 18~23，天然含水率接近塑限，一般为 18%~26%，土体处于坚硬或硬塑状态，有时被误认为良好地基。

（3）裂隙发育。膨胀土中裂隙发育，是不同于其他土的典型特征，膨胀土裂隙可分为原生裂隙和次生裂隙两类。原生裂隙多呈闭合状态，裂面光滑，常有蜡状光泽；次生裂隙以风化裂隙为主，在水的淋滤作用下，裂面附近蒙脱石含量增高，呈白色，构成膨胀土中的软弱面。膨胀土边坡失稳滑动常沿灰白色软弱面发生，如图 3-2-10 所示。

图 3-2-9 膨胀土

图 3-2-10 膨胀土的裂隙

（4）遇水强度骤降。天然状态下膨胀土抗剪强度和弹性模量比较高，但遇水后强度显著降低，凝聚力 c 一般小于 0.05MPa，有的 c 值接近于零，φ 值从几度到十几度。

（5）超固结性。超固结性是指膨胀土在历史上曾受到过比现在的上覆自重压力更大的压力，因而孔隙率小，压缩性低，一旦被开挖外露，就会卸荷回弹，产生裂隙，遇水膨胀，强度降低，从而造成破坏。

（6）强烈胀缩性。膨胀土对水极其敏感，表现为遇水急剧膨胀，失水明显收缩。在天然状态下，膨胀土吸水膨胀量在 23% 以上；在干燥状态下，吸水膨胀量在 40% 以上；失水收缩率达 50% 以上。

2.3.2 膨胀土对公路工程的危害

1）膨胀土用作路基填料

由于膨胀土具有很高的黏聚性，当含水率较大时，一经施工机械搅动，将黏结成塑性很高的巨大团块，很难晾干。随着水分的逐渐散失，土块的可塑性降低。由于黏聚性继续作用，土块的力学强度逐步增大，从而使土块坚硬，难以击碎、压实。如果含水率高的膨胀土直接被用作路基填料，将会增加施工难度，延长工期，并且工程质量难以保证。

膨胀土路基遇雨水浸泡后，土体膨胀，轻则表面出现厚 10cm 左右的蓬松层，重则在 50~80cm 深处范围内形成"橡皮泥"。在干燥季节，随着水分的散失，土体将严重干缩龟裂，其裂缝宽度在 1~2cm，缝深可达 30~50cm。雨水可通过裂缝直接灌入土体深处，使土体深处膨胀湿软，从而丧失承载能力。由于膨胀土具有极强的亲水性，土体愈干燥密实，其亲水性愈强，膨胀量愈大。当膨胀受到约束时，土体中会产生膨胀力，当这种膨胀力超过上部荷载或临界荷载时，路基会出现严重的崩解，从而造成路基局部坍塌、隆起或裂缝。

2）膨胀土用作各种稳定土材料

膨胀土用作稳定土基层材料时，随着时间的推移，稳定土将会发生严重干缩，龟裂成 20~25cm 的碎块。经过车辆荷载的反复作用，这些龟裂碎块逐渐松动，并进一步将基层裂缝反射到面层，使面层产生相应的龟裂。若遇阴雨或积雪，路面积水通过这些裂缝灌入土基，土基表面将迅速膨胀、崩解，形成松软层，丧失承载能力，再经过行车碾压，路面就会出现翻浆沉陷，最终导致路面崩溃。

还有一种情况是，膨胀土的高黏聚性决定了膨胀土在通常情况下以坚硬的块状存在，现有的稳定土搅拌设备几乎无法将其彻底粉碎。在稳定土基层施工过程中，人为掺入的石灰等改性材料，如果不采取有效措施，就无法进入土块内部发生充分反应，从而达不到改性效果。碾压成型后，这些膨胀土小碎块遇水后会迅速膨胀崩解，从而使基层表面出现大量的泥浆小坑窝，经过车轮荷载的反复作用，路面将出现车辙、网裂或龟裂，最终导致路面破坏。

2.3.3 膨胀土病害的防治措施

1）膨胀土路基处理

针对膨胀土的物理性质及力学性质，根据地质勘测的翔实报告及有关处理膨胀土的经验，在道路工程设计中采用了综合处理的思路，并进行了有针对性的研究，提出如下措施：

（1）填高不足 1m 的路堤，必须换填非膨胀土，并按规定压实。

（2）使用膨胀土作填料时，为增加其稳定性，采用石灰处治，石灰剂量范围在 10%~12%，要求掺灰处理后的膨胀土胀缩总率以接近零为佳。

（3）路堤两边边坡部分及路堤顶面要用非膨胀土作封层，必要时需铺一层土工布，从而形成包芯填方，如图 3-2-11 所示。

图 3-2-11 采用土工织物处理路基

（4）路堑边坡不要一次挖到设计线，沿边坡预留厚度30~50cm，待路堑挖完后，再削去预留部分，并以浆砌花格网护坡封闭。

（5）路堤与路堑分界处，即填挖交界处，两侧土内的含水率不一定相同，原有的密实度也不尽相同，压实时应做到均匀、紧密，避免发生不均匀沉陷。因此，填挖交界处2m范围内的挖方地基表面上的土应挖成台阶，翻松并检查其含水率是否与填土含水率相近，同时采用适宜的压实机具，将其压实到规定的压实度。

（6）施工时，应避开雨季作业，加强现场排水。路基开挖后，各道工序要紧密衔接，连续施工，时间不宜间隔太久。路堤、路堑边坡按设计修整后，应立即浆砌护墙、护坡，防止雨水侵蚀。

（7）膨胀土地区路床的强度及压实标准应严格遵守国家有关规范。

2）膨胀土边坡处理

（1）地表水防护。防止水渗入土体，冲蚀坡面，设截排水天沟、平台纵向排水沟、侧沟等排水系统。

（2）植物防护。植被防护是指种植草皮、小乔木、灌木，从而形成植物覆盖层，防止地表水冲刷，如图3-2-12所示。

（3）骨架护坡。采用浆砌片石方形及拱形骨架护坡，骨架内植草效果更好，如图3-2-13所示。

（4）支挡措施。采用抗滑挡墙、抗滑桩、片石垛等。

图3-2-12 植物防护

图3-2-13 骨架护坡

2.3.4 膨胀土病害处治案例

1）工程概况

对常张高速公路慈利东互通K85+374.6处左15.8m位置所取膨胀土原状土样，经中国科学院地质与地球物理研究所仲裁试验鉴定，该处膨胀土成因为碳酸盐岩残积膨胀土，其工程地质性质综合测试结果见表3-2-5。

2）常张路路基处治方案设计

由表3-2-5可知，常德至张家界高速公路属中等膨胀土，因此，根据《公路路基设计规范》（JTG D30—2004）要求，对常张高速公路路基膨胀土处理方案设计有：土工膜处治技术、石灰改良处理、加筋处理、并在施工现场分三个试验路段，即土工膜处治膨胀土路堤、石灰改良处治膨胀土路堤、加筋处治膨胀土路堤，分别进行现场试验研究。

湖南常张高速公路常张路十一合同段膨胀土综合测试结果　　　表 3-2-5

分析号	原号	取样深度（h/m）	重度（kN/m³）	含水率（%）	干密度（g/cm³）	密度（g/cm³）	孔隙率	饱和度（%）	液限（%）	塑限（%）	塑性指数	液性指数
3651	5号	3.10–3.30	16.75	54.36	10.85	2.79	1.57	96.60	96.45	40.36	56.18	0.25
3652	7号	3.80–3.95	17.04	52.59	11.17	2.79	1.50	97.82	92.54	39.82	52.72	0.24
3653	8号	4.20–4.40	17.08	51.54	11.27	2.78	1.47	97.47	89.88	40.39	49.49	0.23

分析号	原号	线缩（%）	体缩（%）	自由膨胀（%）	膨胀量（%）	膨胀力（/%）	颗粒组成（%）				
							>0.075	0.075~0.010	0.010~0.005	<0.005	<0.002
3651	5号	10.24	29.78	85	0.65		1.49	18.32	0.76	79.44	78.28
3652	7号	12.00	35.89	85	1.38	65	0.72	18.80	0.92	79.56	78.00
3653	8号	14.30	36.89	88	1.18	65	1.33	17.71		80.48	77.04

分析号	原号	活性指标（A）	pH 值	膨胀势判别结果		有效蒙脱石含量（%）
				国标法	国标法	
3651	5号	0.72	5.85	中等膨胀	High expansion	28.55
3652	7号	0.68	6.42	中等膨胀	High expansion	27.81
3653	8号	0.64	6.38	中等膨胀	High expansion	27.08

（1）土工膜处治膨胀土。K85+900~K85+958 为膨胀土填筑路堤路段，设计长度为 58m，在 90 区采用不作任何改良处理的弱膨胀土填筑。在清除淤泥后的地面位置和 90 区顶面各铺一层土工膜，土工膜要求采用两布一膜复合土工膜，厚度≥3mm，断裂强度≥18kN/m，断裂伸长率在 40%~90%，撕破强力≥0.6kN，CBR 顶破强力≥3kN，垂直数达到 10~11cm/s，幅宽采用 6m。其铺设方法如下：首先铺 10cm 厚的砂垫层，在其上铺两布一膜土工膜，采用全断面铺设，但两侧不能暴露于路基边坡外，铺设时应使其平整无褶，连接时采用布缝膜焊的连接方式，搭接时应使高端压在低端上，搭接宽度不小于 30cm，并保证土工膜横坡为 3%~4%；然后在土工膜上铺一层 10cm 厚的砂保护层，如图 3-2-14 所示，经人工整平碾压后，即可进行下一步路基填筑工序。

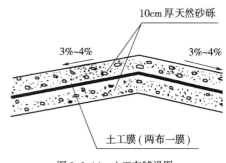

图 3-2-14　土工布铺设图

（2）石灰改良处治膨胀土。K85+962~K86+020 为膨胀土改良处理路段，设计长度为 58m。通过室内试验确定，对路基 90 区采用膨胀土外掺 4% 石灰改良填筑。土工膜铺设方法及要求与弱膨胀土填筑路段设计方案相同。在清除淤泥后的原地面至90区顶面的路基填土中，沿K85+990横剖面右半幅等间距共埋设11个土压力盒，见图3-2-15。

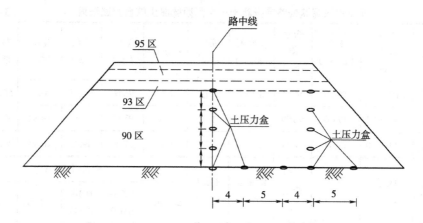

图3-2-15　土压力盒布置图（尺寸单位：m）

（3）加筋处治膨胀土。K86+020~K86+080为膨胀土加筋处理路段，设计长度为60m。路基90区采用膨胀土作路堤填料，同时采用土工格栅分层加固处理。土工格栅采用TDGD/SDL-35，主要技术指标有：幅宽2.5m，其最小抗拉强度为35kN/m，最大延伸率为8%。铺设方法见图3-2-16，为防止暴雨天水流对坡面形成冲刷，同时形成对膨胀土的有效保护，采用格栅外加20cm耕作土层，植草绿化，既减少了大气对土工格栅和膨胀土的作用，又美化了道路景观。在压实度检验合格的路基上，沿横断面方向自路基边缘往中心线5m范围内，于90区每两层填土铺一层土工格栅。铺土工格栅时，用一排带钩的钢筋拉住格栅端部，沿路中线方向人工拉紧至网格产生1%~2%的伸长，立即用$\phi 6$钢筋制成的"U"形钉将格栅固定在路基上，"U"形钉间距为1m，呈梅花形布置。为了保证所铺网格沿路纵向的整体性，两幅格栅搭接宽度为10cm，用"U"形钉固定在路基上，如图3-2-17所示。

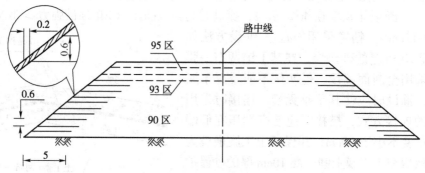

图3-2-16　土工格栅铺设剖面图（尺寸单位：m）

3）处理效果

通过对常张高速公路一年多的现场实际观测（经过雨季和旱季的干湿循环），三个试验路段没有发生滑坡、坍塌、溜塌、冲沟、纵裂等破坏形式，说明试验路段膨胀土的处理措施（铺设土工膜、掺生石灰、加筋）方法得当，效果良好。

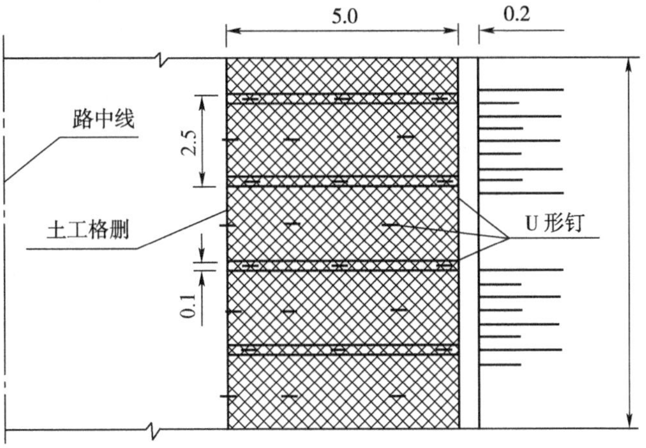

图 3-2-17 土工格栅铺设平面图（尺寸单位：m）

2.4 冻 土

2.4.1 冻土概述

冻土是指温度等于或低于 0℃，并含有冰的各类土。冻土可分为多年冻土和季节冻土，多年冻土是指冻结状态持续 3 年以上的土，季节冻土是指随季节变化周期性冻结融化的土。

1）多年冻土

我国多年冻土可分为高原冻土和高纬度冻土。高原冻土主要分布在青藏高原及西部高山（天山、阿尔泰山、祁连山等）地区；高纬度冻土主要分布在大、小兴安岭，满洲里—牙克石—黑河以北地区。多年冻土埋藏在地表面以下一定深度，从地表到多年冻土，中间常有季节性冻土分布。高纬度冻土由北向南厚度逐渐变薄。从连续的多年冻土区到岛状多年冻土区，最后尖灭于非多年冻土区，其分布剖面如图 3-2-18 所示。

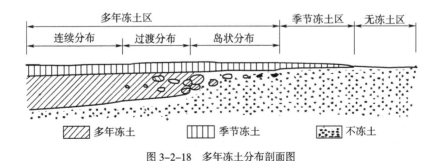

图 3-2-18 多年冻土分布剖面图

2）季节性冻土

我国季节冻土主要分布在华北、西北和东北地区。随着纬度和地面高度的增加，冬季气温愈来愈低，季节性冻土厚度也逐渐增加，如图 3-2-19 所示。

a) b)

图 3-2-19 季节性冻土

2.4.2 冻土地区公路主要病害

1）融沉

融沉是岛状多年冻土地区路基的主要病害之一，一般多发生在含冰量大的黏性土地段。当路基基底的多年冻土上部或路堑边坡上分布有较厚的地下冰层时，由于地下冰层较浅，在施工及运营过程中各种人为因素的影响下，多年冻土局部融化，上覆土层在土体自重和外力作用下产生沉陷，造成路基的严重变形。这种变形表现为路基下沉，路堤向阳侧路肩及边坡开裂、下滑，路堑边坡溜坍等。融沉一般有以下特点：

（1）融沉在空间上表现为不连续性。由于岛状多年冻土地区，多年冻土已在部分区域消失，而且其分布具有不连续性、厚度具有不均匀性，这直接导致了该地区道路融沉的不均匀性。有的路段在以较慢的速度连续下沉一段时间后，有时突发大量的沉陷，并使两侧部分地基土隆起。这是由于路基基底含冰率大的黏性土融化后处于饱和状态，其承载力几乎为零，加之路堤两侧融化深度不一，使得基底形成一倾斜的冻结滑动面。在车辆荷载的作用下，过饱和黏性土顺着冻结面挤出，路堤瞬间产生大幅度沉陷，通常称为突陷。有的路段路堤在每年融化季节逐渐下沉，而在零星岛状多年冻土带内，部分路基全部下沉。

（2）融沉病害多发生在低路堤地段。岛状多年冻土地区道路的稳定性与多种因素有关，它既受纬度的影响，又与路堤高度、坡向、填料类别、保温设施及施工季节和施工后形成的地表特征、水文特征和冻土介质特征等因素的综合影响有关。上述诸多因素可归结为土层的散热和吸热。当基底土层的散热超过吸热时，则地温下降，人为上限就上升，路堤保持稳定。如吸热超过散热，则地温上升，多年冻土融化，人为上限下降，路堤就会产生融沉病害。路堤越低，意味着在从上界流向地中的传热过程中，热阻减小、路基自身的储热能力变小，因而不利于热稳定。路面的铺筑，特别是黑色路面的铺筑，由于路面的吸热和封水作用，冻土原有的水热交换平衡遭到破坏，其下的人为上限值较大，从而导致道路发生融沉的可能性增大，如图 3-2-20 所示。

2）冻胀

冻胀的发生需要两个必要条件：一是有充足的水分补给源，二是有水分补给的通道。冻胀本身不仅会引起道路破坏，还会引起桥梁、涵洞基础的冻害。这种病害在冻土地区早期修建的桥梁、涵洞工程中尤为突出，主要表现为基础上抬、倾斜造成桥梁拱起，涵洞断裂，甚至失效等破坏。如图 3-2-21 所示为路面冻胀开裂。

图 3-2-20 融沉

图 3-2-21 路面冻胀开裂

3）翻浆

春融时，多年冻土地区解冻缓慢，解冻时间长，而且在解冻期内气温冷暖异常，导致在某一解冻深度停滞的时间可达几天，加之积雪量大，融化后大量雪水下渗，这样就可能在解冻层和未解冻层之间形成类似于冻结层的自由水。土基与地表土含水率会迅速增大而接近甚至超过液限含水率，使其失去承载能力，从而导致路基发生严重的翻浆。

4）冰丘

冬季由于土的冻结使地下水受到超压及阻碍，随着冻结厚度的增加，当压力超过上覆冻土层的强度时，地下水就会突破地表，以固态冰的状态隆起或以地下水的状态挤出地面漫流，然后经冻结后形成的积冰现象称为冰丘，如图 3-2-22 所示。也有可能在开挖路堑时，由于人为的因素造成地下水露头，涌水后而形成。

5）冰锥

冰锥的形成机理与冰丘基本相同，它们的形成和发展往往具有突发性的隆起和回落，具有危害时间长、范围大、不宜处理的特点，如图 3-2-23 所示。

图 3-2-22 冰丘

图 3-2-23 冰锥

6）路面损坏

在寒冷地区，路面损坏是高级路面常见的道路破坏形式之一，它可以分为四类：裂缝类、变形类、松散类、其他损坏类（包括泛油、磨光和各类修补等）。路面的损坏可以直接导致其他道路病害的发生，而其他道路病害的发生又会加剧路面的损坏。

2.4.3 冻土病害的防治措施

1) 排水

水是影响冻胀融沉的重要因素,必须严格控制土的含水率。在地面修建一系列排水沟、排水管,用以拦截地表周围流来的水,汇集、排除建筑物地区和建筑物内部的水,防止这些地表水渗入地下。在地下修建盲沟、渗沟等拦截周围流来的地下水,降低地下水位,防止地下水向地基土集聚,如图 3-2-24 所示。

2) 保温

应用各种保温隔热材料,防止地基土温度受人为因素和建筑物的影响,最大限度地防止冻胀融沉。如在基坑、路堑的底部和边坡上或在填土路堤底面上铺设一定厚度的草皮、泥炭、苔藓、炉渣或黏土,都有保温隔热作用,使多年冻土上限保持稳定,如图 3-2-25 和图 3-2-26 所示。

图 3-2-24 设置挡水埝

图 3-2-25 采用通风管排热保持土温

3) 改善土的性质

(1) 换填土。用粗砂、砾石、卵石等不冻胀土代替天然地基的细颗粒冻胀土,是最常采用的防治冻害的措施。一般基底砂垫层厚度为 0.8~1.5m,基侧面为 0.2~0.5m。在铁路路基下常采用这种砂垫层,但在砂垫层上要设置 0.2~0.3m 厚的隔水层,以免地表水渗入基底,如图 3-2-27 所示。

图 3-2-26 在地基土中铺设保温层

图 3-2-27 基底下铺设砂垫层

（2）物理化学法。在土中加某种化学物质，使土粒、水和化学物质相互作用，降低土中水的冰点，使水分转移受到影响，从而削弱和防止土的冻胀。

实际上，治理冻土往往不是用单一的方法，而是采用几种方法综合治理，如图3-2-28所示。

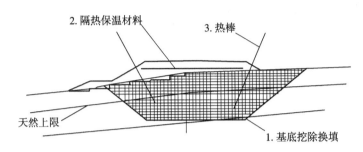

图 3-2-28 综合治理措施

2.4.4 冻土病害处治案例

1）工程概况

清水河试验段位于楚玛尔河高平原上，平均海拔4 470m，气温正负积温相差悬殊。试验段路堤填土高3.3m，路基面宽7.1m，两侧加宽0.6m，加宽面外设3m护道，坡率1:1.5。于两侧路肩交错布设热棒，直插，热棒直径83mm，每根长12m，其中热棒蒸发段长6m，冷凝段长3m，绝热段长3m。热棒冷凝段翅片管长2.5m，纵向间距4m。在断面上设测温孔等测试元件监测地温场。路基左侧为阳坡，右侧为阴坡，差异明显。

安多试验段属高原亚干旱气候区，海拔4 870~4 880m。最大月平均温差16.7℃，年平均温差22.2℃。试验路堤标准路基面宽7.1m，左侧曲线路基面加宽0.3m，在路基面两侧加宽0.6m，正线于两侧路肩边缘外1m布设热棒，长度13m，埋入9m。热棒直径89mm，纵向间距3m，斜插，底端间距3m，与铅垂线夹角23°。在断面上设测温孔等测试元件监测地温场。路基左侧为阳坡，右侧为阴坡，差异明显。

2）试验效果

直插热棒和斜插热棒都能有效降低地面以下地温，对于保护多年冻土都是可行的，但斜插热棒较直插热棒更能全面地降低地温，尤其是在路基中心位置，对于保护多年冻土更有利。从路基上限形态上也可看出，斜插热棒更有利于保证路基的稳定。

2.5 盐 渍 土

2.5.1 盐渍土概述

盐渍土是不同程度的盐碱化土的统称。在公路工程中，一般指地表下1.0m深的土层内易溶盐平均含量大于0.3%的土。盐渍土是盐土和碱土以及各种盐化、碱化土的总称。盐土是指土中可溶性盐含量达到对作物生长有显著危害的土类，盐分含量指标因不同盐分组成而异。碱土是指土中含有危害植物生长和改变土质的多量交换性钠。

盐渍土主要分布在内陆干旱、半干旱地，滨海地区也有分布。在我国盐渍土分布较广，如江苏北部、渤海沿岸、松辽平原、河南、山西、内蒙古、甘肃、青海、新疆等地均有分布。

大量资料和研究实践证明，盐渍土的形成是由于地层母质含有过量可溶盐，在较高气温和较高地下水位的作用下，利用毛细水将地层母质的盐分带到了土表面，形成土表层盐渍化。由于土中的盐分随水和温度的变化，盐渍土不断发生着结晶—溶解—转移—吸湿的过程，自然物理特性极不稳定，常常给地面构筑物造成许多工程病害，给工程建设带来巨大经济损失。在新疆塔里木盆地盐渍土严重区域，公路两侧植物不能成活，公路生态环境长期得不到改善，每年都需投入大量的人力和物力，用于盐渍土病害治理，对公路的正常建设、管理和养护造成很大影响。

2.5.2 盐渍土的工程力学性质

（1）硫酸盐渍土的松胀性。硫酸盐的溶解度随温度而变化，温度降低时，盐溶液达到过饱和状态，盐分即从溶液中结晶析出，体积增大；温度升高时，结晶又溶解于溶液中，体积缩小。在含水率较小的土体中，所含的固体硫酸盐在低温时吸水结晶，体积增大；温度升高时，又脱水变成粉末状固体，体积缩小，从而使土体结构出现破坏、变松的现象，即硫酸盐渍土的松胀性。

（2）盐渍度对土的塑性影响。常规土体的三相组成分别是气相——空气、液相——水、固相——土颗粒，而盐渍土的三相组成分别是气相——空气、液相——溶液、固相——土与盐结晶的混合体。盐渍土中所含盐的种类与含量影响着土体的塑性指标，因此，盐渍土具有相对变化的、不稳定的液限、塑限、塑性指数及液性指数；同一类土，当含盐量增加时，其液塑限相应减小，塑性指数也有所降低，这种性质对路基的稳定性十分不利。因为遇水后，当含水率相同时，盐渍土比非盐渍土较早地达到塑限或流塑状态，即较早地达到不太稳定的状态。

（3）盐渍土的夯实性和压缩性。盐渍土中氯盐的存在使土的细粒分散部分起脱水作用，使土的最佳含水率降低。同时，氯盐有强烈的吸湿性和保湿性，可使土体长期保持在最佳含水率附近的状态，经过汽车荷载反复作用，可以得到进一步压实，在干旱缺水地区施工时有利。填土中不得有盐结晶。

（4）盐渍土的强度与水稳性。含有不同盐类的盐渍土具有不同的工程特性，在干旱缺水的情况下，可以用超氯盐渍土修路基。但路基土体中硫酸盐和碳酸盐的含量不能过大，否则由于松胀作用和膨胀作用，将破坏土的结构，降低其密度和强度。

（5）盐分的溶蚀和退盐作用。盐渍土路基受雨水冲刷，表层盐分会被溶解冲走，溶去易溶盐后路基变松，此外，其他细颗粒也容易被冲走，在路基边坡和路肩上会出现许多细小冲沟。一部分表层盐分随着雨水下渗而下移，造成退盐作用，结果使土体由盐土变为碱土，增加土的膨胀性和不透水性，降低路基的稳定性。盐渍土易溶于水，含盐量多时，会产生湿陷、塌陷等路基病害。

2.5.3 盐渍土对公路工程的危害

根据无机盐的特性，盐渍土的盐分溶解度随着温度的升高而提高，甚至可以使固相盐变为液相盐。土中少量的水和土分子结合水会对路基产生危害，这也是干旱盐渍土的特殊性。土中含水溶解盐，蒸腾作用提升了水分由地表挥发的速度，使盐分存留下来，随着时间的推移，越聚越多。当温度下降，空气相对湿度增加，盐吸水分子，尤其是Na_2SO_4吸水分子而膨胀，从而导致路面结构破坏。

由于盐渍土特殊的工程性质，导致盐渍土地区公路地质灾害屡屡发生。主要病害有盐胀、沉陷、翻浆、公路边坡受冲刷和桥涵受侵蚀等。

（1）公路盐胀。盐渍土在降温时都会吸水结晶，体积增大，使路基土体膨胀，导致路面凸起；气温升高时，盐类脱水，体积变小，导致路基疏松、下凹。大部分路面变形发生在车辆荷载作用下，常出现地面开裂、松散，如不及时处理很快就会形成坑槽。

（2）公路沉陷。地表水或地下水会使盐渍土中可溶盐溶解，随着水位的变化，盐类发生转移，从而引起路基疏松下沉，路面塌陷。

（3）路面翻浆。黏性盐渍土路段经冬天冻胀后，在春天由上而下逐步融消，在融消过程中产生路面翻浆。其原因主要是黏性盐渍土颗粒小、渗透性差，含水过量后，路基内形成包浆，在车辆的碾压下，泥浆被挤出路面，形成翻浆。

（4）公路边坡受冲刷。由于盐碱的表聚性，公路边坡表面受盐分侵蚀形成膨胀、松散、干状的粉性土质，很容易被风吹走，形成边坡土流失和空气污染。遇有小雨，边坡冲刷强烈，造成边坡土大量流失，中、大雨还会造成冲毁路基的严重事件。因此，每年要进行大量的边坡补土，给公路养护造成很大困难。

（5）桥涵受侵蚀。混凝土表面受盐分侵蚀形成松散、剥落现象，一层一层向内侵蚀，大大缩短了工程使用寿命，并产生较大的安全隐患。

2.5.4 盐渍土病害的防治措施

盐渍土病害的防治措施主要有基底处理、加强地表排水和降低地下水位、提高路基高度、控制填料含盐量和夯实密度、设置毛细水隔断层等。

（1）基底处理。盐渍土地区路堤基底和护坡道的表层土大于填料的容许含盐量时，宜予铲除。但年平均降水量小于60mm，干燥度大于50，相对湿度小于40%的地区，表层土不受氯盐含量限制，可不铲除。当地表有溶蚀、溶沟、溶塘时，应用填料填补，并洒饱和盐水，分层夯实。采用垫层、重锤击实及强夯法处理浅部地层，可消除地基土的湿陷量，提高其密实度及承载力，降低透水性，阻挡水流下渗，同时，破坏土的原有毛细结构，阻隔土中盐分上升。对于溶陷性高、土层厚及荷载很大或重要建筑物上部地层软弱的盐沼地，可采用桩基或复合地基，根据具体情况采用桩基础、灰土墩、混凝土墩或砂石墩基，深入到盐渍土临界深度以下。

（2）加强地表排水和降低地下水位。在盐渍土地区修路，首先必须切断下层土中的盐源，加强地表排水和降低地下水位，防止雨水浸泡路基，避免地下水上升引起路基土次生盐渍化和冻害。当盐湖地表下有饱和盐水时，应采用设有取土坑及护坡道的路基横断面。可以在路基上游扩大取土坑面积，使之起到蒸发池的作用，蒸发路基附近的地表水，亦可在路基上游做长大排水沟，以拦截地表水，降低地下水位，迅速疏干土中的水。做砂砾隔断层，最大限度地提高路基，加厚砂砾垫层，排挡地表水侵入路基等，视情况采取处理措施来减小道路病害。

（3）提高路基高度。如要路基不受冻害和次生盐渍化的影响，应使路基高度大于最小填土高度，而最小填土高度由地下水最高位、毛细水上升高度、临界冻结深度决定。干涸盐湖地段的高速公路、一级公路应分期修建，其他等级公路，可采用低路堤的路基横断面形式。可利用岩盐作为填料，路堤高度不宜小于0.3m，路堤边坡坡度可采用1∶1.5。

（4）控制填料含盐量和夯实密度。换填含盐类型单一和低盐量的土层作为地基持力层，非盐类的粗颗粒土层（碎石类土或砂土垫层）可以有效地隔断毛细水的上升。当土的含盐量满足规范中规定的填料要求时，可以避免发生膨胀和松胀等现象。应尽量提高填土的夯实密度，一般应达到最佳密度的90%以上。

（5）设置毛细水隔断层。为了阻止毛细水上升携盐积聚，应设置封闭型隔断层。当采用提高路基高度或降低地下水等措施有困难或不经济时，用渗水土填筑路堤适当部位，构成毛细水隔断层，其位置以设在路堤底部较好。隔断层的厚度视所选用渗水土的颗粒大小而定，即相当于毛细水在该渗水土中的上升高度加安全高度。在距路基顶面80mm以下位置铺设不透气、不渗漏的封闭型隔断层，不仅可以阻断毛细水携盐上升，也切断气态水携盐上升。

2.5.5 盐渍土病害处治案例

1）工程概况

乌鲁木齐西山连接线全长4.2km，地处天山北坡乌鲁木齐桥西南，是乌鲁木齐桥与西口的主要连接通道，然而因雨水相对较多，引起老路严重翻浆冻胀，导致无法正常使用。在改建过程中，我们从全面收集现场资料入手，共计挖探坑68个，每个探坑深1.8m左右，分上中下取样3个。经检测，此路段均属中盐渍土和强盐渍土，且表土部分更为严重。同时，附近均为盐渍土区域，无合格填料且此段路基属城市道路，处理方式受较大限制，无法大规模换填和令断面隔断。

2）处治方案

在高水位地区的路基基础设计中，可以考虑采用断级配集料路基作为隔断层及路面结构，从而防止路基受盐渍土的侵蚀。故在路面结构层以下40cm开始换填卵石，换填厚度为80cm，卵石粒径为3.5~5cm。另外，在路基两侧以及换填层底部两侧铺设土工布，可极大地减小换填区域以外盐渍成分对换填部分路基及路面的影响。经多年使用，路面状况良好。处理方案如图3-2-29所示。

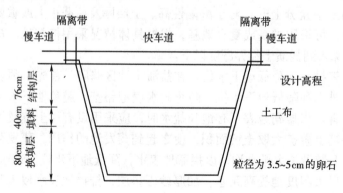

图3-2-29　卵石隔断层路基处理方法路基断面图

本任务小结

软土的加固与处理方法主要有：强夯、换土、砂垫层、抛石挤淤、反压护道、砂井排水、化学加固等。

黄土在全世界的分布比较广泛，处理方法主要有：重锤表层夯实、换填土垫层、土桩挤密、化学灌浆加固等。

膨胀土是一种结构性不稳定的高塑性黏土，其防治措施主要是：路基处理、边坡处理。

冻土的防治主要有：排水、保温、改善土的性质。

盐渍土是盐土和碱土的总称。防治措施主要有：基底处理、加强地表排水和降低地下水位、提高路基高度、设置毛细水隔断层等。

思考题

1. 软土地基的加固与处理方法有哪些？
2. 黄土的主要特征有哪些？
3. 膨胀土对公路工程有哪些危害？
4. 冻土地区公路的主要病害有哪些？

参 考 文 献

[1] 何培玲,张婷. 工程地质[M]. 北京:北京大学出版社,2006.

[2] 中华人民共和国行业标准. JTG C20—2011 公路工程地质勘察规范[S]. 北京:人民交通出版社,2011.

[3] 中华人民共和国国家标准. GB 50021—2001 岩土工程勘察规范[S]. 北京:人民交通出版社,2002.

[4] 徐维钧. 桩基施工手册[M]. 北京:人民交通出版社,2007.

[5] 黄凤才. 地质及路基[M]. 北京:中国铁道出版社,2000.

[6] 窦明健. 公路工程地质[M]. 北京:人民交通出版社,2009.

[7] 藏秀平. 工程地质[M]. 北京:高等教育出版社,2009.

[8] 交通部第二勘察设计院. 公路设计手册——路基[M]. 2版. 北京:人民交通出版社,1996.

[9] 工程地质手册编委会. 工程地质手册[M]. 4版. 北京:中国建筑工业出版社,2007.

[10] 李瑾亮. 地质与土质[M]. 北京:人民交通出版社,1998.

[11] 李斌. 公路工程地质[M]. 北京:人民交通出版社,1998.

[12] 中华人民共和国行业标准. JTG E40—2007 公路土工试验规程[S]. 北京:人民交通出版社,1993.

[13] 中华人民共和国国家标准. GB 50086—2001 锚杆喷射混凝土支护技术规范[S]. 北京:中国建筑工业出版社,2001.

[14] 王庆珍. 山区沿河公路路基水毁防治对策探讨[J]. 重庆交通大学学报:自然科学版,2008,27(2).

[15] 李海瑞. 桥梁水毁的预防与治理[J]. 公路,2007,7.

[16] 王彦志. 山嘴桥水毁治理及加固[J]. 内蒙古公路与运输,2006,2.

[17] 袁华荣. 锚塑法在镇江象山危岩崩塌治理中的技术应用[J]. 地质学刊,2009,2:150-153.

[18] 姚海平. 内宜高速公路滑坡治理浅析[J]. 地质学报,2009,29(2).

[19] 冯俊录. 重庆市北碚醪糟坪泥石流防治工程探讨[J]. 中国地质灾害与防治学报,2003,3.

[20] 彭刚. 大型岩溶隧道处理技术[J]. 山西建筑,2009,1.

［21］中咨武汉桥隧设计研究院有限公司.G045线赛里木湖至果子沟口段公路改建工程第七合同段K591+000~K592+800段（红白土坡）地质病害综合治理工程.

［22］李锋瑞.高能级强夯置换处理新填大厚度软土地基［J］.建筑施工，2009，7.

［23］张国云.湿陷性黄土处治施工技术总结［J］.科学之友，2008，1.

［24］罗文柯，杨果林.膨胀土处治技术在高速公路路基中的工程应用［J］.湘潭大学学报：自然科学版，2006，28（1）.

［25］杨西锋.直插和斜插热棒用于保护多年冻土的效果分析［J］.路基工程，2009，1.

［26］汪少平.盐渍土路基危害及防治控制［J］.中国水运，2009，8.